우리는 그린스카우트 가족

대한과학진흥회 엮음

스완미디어
SWAN MEDIA

책 머리에

오늘날 우리들은 고도로 발달된 과학 문명의 혜택 속에 살고 있습니다.

우리의 선진 조국 창조를 위해 무엇보다 중요한 것이 과학 기술의 개발입니다. 특히 자원이 부족한 우리나라에서 가꾸어야 할 유일한 자원은 과학 기술로 무장한 풍부한 인력 자원입니다.

대한 과학 진흥회에서는 배우는 학생들을 위해 사물을 깊이 관찰하는 습관과 합리적이고 창의적인 과학적 사고를 심어 주기 위한 방법의 하나로 과학 문고를 엮어 내고 있습니다.

과학 문고를 펴냄에 있어서 딱딱한 과학지식을 그림을 곁들여 쉽고 재미있게 이야기로 풀어 써서 학생들이 스스로 원리를 발견하고 재미를 느끼게 함으로써 과학의 여러 분야에 대하여 흥미를 갖고 접근할 수 있도록 하였습니다.

이 책과 더불어 많은 학생들이 과학에 깊은 관심을 갖고 탐구심과 창의력을 기르며 과학을 생활화 할 줄 아는 사람이 되는데 많은 도움이 되었으면 하고 바라는 마음 간절합니다.

기획편찬 **대한과학진흥회**

차례

16 신나는 가족 여행
35 쓰레기는 쓰레기통에
68 엄마, 아빠! 너무해요

99 나는 환경 파수꾼이 될 거야

136 우리는 환경가족

신나는 가족여행

기다리던 겨울 방학 첫날이었습니다.

밖은 아직 어슴푸레한 이른 아침이었습니다.

그렇지만 상희네 식구들은 이미 외출 준비를 끝낸 상태였습니다.

"엄마, 빨리 나오세요!"

상우와 상희는 현관에서 발을 동동 구르며 엄마를 불렀습니다.

"알았어! 조금만 기다려. 너희들 그렇게 뛰다간 아래층 할아버지께서 또 회초리 들고 올라오시겠다."

엄마는 무얼 하시는지 베란다에서 목소리로만 대꾸를 하고 계셨습니다.

상희네 집 식구들은 오늘 강원도에 있는 콘도로 여행을 떠

납니다.

스포츠 용구점을 하시는 아빠께서 아주 어렵게, 일주일 동안 가게를 비우고 온 가족이 겨울 여행을 떠나는 데 찬성하신 것이었습니다.

아빠가 가족 여행을 떠나는 일 주일 동안 상희네 스포츠 용구점은 점원인 미스터 김 오빠 혼자서 지키게 됩니다.

아빠는 가게 때문에 못내 마음이 놓이지 않는 표정이셨지만 속주머니 깊이 핸드폰을 챙겨 넣으시며 다시 한 번 다짐을 하셨습니다.

"너희들 그 대신 여행 다녀온 뒤에는 공부 열심히 해야 돼. 학원 빼 먹지 말고, 방학 숙제도 잘 하고, 다음 학년 예습도 잘 하고……. 그럴 수 있는 거지? 그리고 다시 한번 이야기하는데, 이번 겨울 방학 때는 가족 여행 말고 다른 계획은 모두 포기하는 거야. 캠프니 뭐니 모두 포기하는 거지? 그렇지 않다면 아빠의 생각은 지금이라도 바뀔 수 있어."

"물론이에요, 아빠. 가족 여행만 갈 수 있다면 어떤 약속이라도 하겠어요."

"약속을 하는 것만으로는 아무 소용 없어. 약속을 잘 지킬 줄 아는 사람이 되어야지."

"알았어요, 아빠. 약속 잘 지킬게요. 그러니 제발."

오늘 아침에도 아빠는 이렇게 상우와 상희 남매에게 굳은 다짐을 시키셨습니다.

이번 가족 여행을 위해서 상우와 상희 그리고 엄마까지, 아빠를 제외한 세 식구는 무려 한 달이 넘게 아빠를 졸랐습니다. 그리고는 앞에서 이야기했던 것과 같이 아주 어렵게 가장이신 아빠의 허락을 얻어 낸 것입니다.

그래서 엄마와 상우, 상희, 이렇게 세 식구는 아주 어렵게 이루어진 가족 여행을 평생 후회없이 마음껏 즐기리라고 잔뜩 기대하고 있었습니다.

상우와 상희는 일 주일 내내 스키장에서 살 궁리를 하고 있었습니다.

엄마와 아빠는 설악산 근처에 있는 골프장에 가시기 위해서 미리 예약을 해 두셨습니다.

그리고 식구들이 다 함께 속초 근처에 있는 온천에도 가기로 계획을 세웠습니다.

"아이, 참. 빨리 출발해야 할 텐데. 엄마는 대체 뭘 하고 계신거야?"

상우가 투덜거렸습니다.

"엄마들은 원래 그런 거야. 하루 이틀도 아니고 일주일씩이나 집을 비우는데 어디 챙겨야 할 게 한둘이겠어? 대체 오빠는 언제나 철이 들래?"

한 살 아래인 상희가 오히려 점잖게 오빠인 상우를 나무랐습니다.

"이게 까불고 있어."

상우는 주먹을 치켜들고 한 대 쥐어박기라도 할 듯이 상희를 노려보았습니다.

그 때였습니다.

현관문이 벌컥 열리고 화난 표정의 아빠가 들어오셨습니다.

"아니, 엄마는 대체 무얼 그리 꾸물대고 계시는 거냐? 빨리 출발해야지, 그렇지 않으면 고속 도로에서 하루를 꼬박 보내고 말겠다."

아빠는 신발을 벗더니 성큼성큼 베란다 쪽으로 가셨습니다.

"정말 이상하다. 먹을 거랑, 옷이랑, 스키랑, 골프 장비랑 벌써 아까 다 차에 실었는데? 엄만 정말 뭘 하시느라고 늑장을 부리시는 거지?"

그제서야 상희도 고개를 갸웃거렸습니다.

"그것 봐. 여자들은 원래 그래. 어딜 간다고만 하면 더 늑장을 부리는 버릇이 있다구."

상우는 아빠가 평소에 하시던 말버릇을 그대로 흉내내며 상희에게 뻐기듯이 말했습니다.

하지만 상희도 지지 않았습니다.

"오빠는 여자를 업신여기는 그런 태도부터 고쳐야 해. 그러다간 장가가기도 힘들 걸? 앞으로는 여자가 귀해질 테니까 말야. 우리 여자에게 존경하는 태도를 보여야지, 그렇지 않으면 총각 귀신으로 늙어 죽고 말 거야. 앞으로 우리가 살아 갈 세상은 엄마 아빠가 살았던 세상과는 다르다구!"

야무진 상희의 대꾸에 상우는 더 이상 못 참겠다는 듯, 주먹으로 상희의 머리를 한 대 때렸습니다.

"쪼그만 게 뭘 안다고 까불어!"

그러자 상희의 눈에 눈물이 핑 돌았습니다.

"왜 때려!"

"네가 맞을 짓을 했잖아."

상희의 눈에 눈물이 고이자 오빠인 상우는 조금 미안했는지 웃으며 복도로 도망가 버렸습니다.

"그러니까 함부로 까불지 말란 말이야."

상우는 복도 끝에서 소리쳤습니다.

"엄마! 오빠가 날 때렸어요!"

상희는 신발을 벗고 집 안으로 들어가면서 화가 난 목소리로 소리를 질렀습니다.

"너희들은 세상에서 단 둘밖에 없는 남매인데 왜 그리 아웅다웅이야?"

상희가 화를 내며 거실에서 쿵쾅거리고 있는데 엄마가 베란다에서 얼굴을 내미시며 소리치셨습니다.

"너 그렇게 쿵쾅거리다가 아래층에서 또 인터폰이 오든지 할아버지가 쫓아오시든지 한다고 엄마가 그랬지? 가만 가만 걷지 못해? 하루 이틀도 아니고, 엄마가 너희들 때문에 아래층 사람들하고 평생 원수처럼 지내야겠니? 엄마도 너희들 때문에 아래층 사람들에게 자존심 상해 죽을 지경이란 말야! 공중 도덕을 모른다느니, 아파트에 살 자격이 없다느니, 자식 교육 좀 잘 시키라느니, 이런 말을 대체 언제까지 들어야 되는 거니?"

엄마는 베란다에서 배가 잔뜩 부른 검은색 쓰레기 봉지를 꺼내 들고 나오시면서 잔소리를 시작하셨습니다.

그러자 엄마 뒤로 뭔가 못마땅한 표정의 아빠가 입을 쑥 내

투덜
투덜
A-201

민 채 따라나오셨습니다. 아빠도 베란다에서 커다란 검은색 쓰레기 봉지를 들어 내셨습니다.

엄마의 잔소리는 하루에도 몇 번씩 듣는 것이기 때문에 이제는 새삼스러울 것도 없습니다. 하지만 무언가가 잔뜩 들어 있는 쓰레기 봉지를 본 상희의 눈이 휘둥그래졌습니다. 상희가 쓰레기 봉지를 가리키면서 엄마에게 물었습니다.

"그게 뭐예요?"

"넌 알 거 없어."

엄마는 상희의 질문에 조금 당황한 듯, 겸연쩍은 표정을 지어 보이며 서둘러 밖으로 나가셨습니다.

"문 잘 잠그고 와요, 여보!"

엄마는 아빠를 향해 한 마디 외치고는 후닥닥 엘리베이터가 있는 쪽으로 뛰어가셨습니다.

상희는 현관에서 신발을 신고 계신 아빠와 그 옆에 놓여 있는 커다란 쓰레기 봉지를 번갈아 쳐다보며 물었습니다.

"아빠, 대체 이게 뭐예요?"

"나도 모르겠다. 엄마한테 물어 봐라. 하여튼 여자들이란……."

아빠는 계속 못마땅한 표정을 지으시며 퉁명스럽게 대꾸하셨습니다.

"이상하다. 도대체 저 안에 뭐가 들었을까?……"

상희는 아빠 뒤를 따라가며 고개를 갸웃거렸습니다.

아파트 앞 주차장으로 내려온 뒤에도 엄마와 아빠는 정체 불명의 검은색 쓰레기 봉지 두 개를 땅 위에 내려놓고 차 뒤에 싣느냐 마느냐에 대해서 한참 동안이나 실랑이를 벌이셨습니다.

"당신, 정말 꼭 이렇게 해야겠어?"

아빠는 내키지 않는다는 듯 자꾸만 엄마에게 핀잔을 주셨습니다.

"그럼 어떻게 해요? 하루 이틀 미루다 보니, 이제는 해결 방법이 없단 말이에요. 이번 한 번만 눈 딱 감고, 응? 여보!"

엄마는 아빠에게 전에 없던 애교까지 부리며 자꾸만 쓰레기 봉지를 차안으로 밀어 넣으셨습니다.

그 모습을 본 상우가 팔꿈치로 상희의 옆구리를 쿡쿡 찔렀습니다.

"상희야, 저게 뭐니?"

"나도 몰라. 이불인가?"

"이불? 이불은 콘도에 가면 다 있는데 왜 가져가?"

"이불도 아니면, 그럼 저 안에 들어 있는 게 뭐지? 저렇게 부피가 큰데 말이야."

이렇게 상우와 상희가 궁금해하고 있을 때, 엄마와 아빠는 드디어 문제의 쓰레기 봉지를 차에 싣기로 합의를 하신 듯했습니다.

"실을 데도 없는데 무슨 여자가 자꾸만 고집을 피우는지 몰라! 차라리 돈 몇 푼 더 들이고 말지. 만약 들키기라도 하면 어쩔려구 그래? 큰 망신이란 말야!"

아빠는 어쩔 수 없이 쓰레기 봉지 두 개를 차안으로 밀어 넣으면서도 계속 마음에 들지 않는다는 듯 불평을 하고 계셨습니다.

"들키기는 왜 들켜요? 동네에 버리는 것도 아니고, 한참 가다가 인적이 드문 한적한 곳에 버리면 될 걸."

엄마는 전쟁에서 대승리를 거둔 장군처럼 의기 양양하게 서서 자랑스럽게 말씀하셨습니다.

"가다가 버릴 건가 봐!"

상희가 상우에게 속삭였습니다.

"대체 저 안에 뭐가 있을까?"

상우는 정말 그 정체가 궁금하다는 듯 차 뒤에 실린 쓰레기 봉지를 노려보며 중얼거렸습니다.

"이제 됐지? 출발한다!"

아빠는 운전석에 앉으시며 퉁명스럽게 말씀하셨습니다. 엄마도 운전석 옆 좌석에 앉으셨습니다.

"가만 있어요. 뭐 빠진 게 없나? 먹을 거, 입을 거, 애들 스키 장비, 우리 골프 장비는 다 실었고……. 당신, 문 잘 잠궜죠?"

엄마는 아빠의 굳은 얼굴을 쳐다보며 다짐하듯 물으셨습니다.

"난 잘 잠궜다고 잠궜는데, 못 믿겠으면 당신이 다시 올라가 봐."

아빠는 엄마의 얼굴을 쳐다보지도 않은 채 말씀하셨습니다.

그러나 엄마는 아빠의 그런 태도에 조금도 기분이 나빠지신 것 같지 않았습니다.

"잘 잠그셨겠지, 뭐. 그리고 또 뭐가 있지? 어머, 내 정신 좀 봐! 당신, 잠깐만 기다려 줘요. 나 상가에 좀 다녀올게요."

엄마는 허둥지둥 지갑을 챙기셨습니다.

"또 뭐야?"

아빠는 어처구니없다는 듯 엄마를 쳐다보셨습니다.

"생수를 안 샀지 뭐예요? 하마터면 우리 모두 갈증나서 돌아가실 뻔했네. 도대체 어떻게 된 나라가, 어딜 가든지 안심하고 먹을 수 있는 물이 없으니…… ."

"별나게 굴기는. 강원도 가면 사방에 널린 게 약수터야. 또 약수가 없으면 어때? 일 주일 정도는 수돗물 먹어도 안 죽어! 그러니까 그냥 가."

아빠가 차에 시동을 걸면서 말씀하셨지만 엄마는 어림없다는 듯 눈을 휘둥그렇게 뜨셨습니다.

"이 양반 좀 봐! 지금 우리 가족에게 수돗물을 먹이라는 말이에요? 난 수돗물로 세수를 해야 하는 사실만으로도 기분이 불쾌한 사람이에요. 당신, 한강 물 안 봤어요? 그게 바로 우리 수돗물이라구요. 그리고 또 약수를 어떻게 믿어요? 약수도 이미 오염된 지 오래라구요. 이건 금수강산이 아니라 폐수 강산이라구. 그러니 믿을 수 있는 건 천연 암반수뿐이에요. 당신은 광고도 안 봤어요? 지하 150미터 이하에서 뽑아낸 천연 암반수를 써야 맥주도 맛있다잖아요. 생수라고 해서 다 생수가 아니에요. 우리가 먹는 천연 암반수는 강원도에서는 살 수 없을지 몰라요. 그러니 기다려요. 내가 금방 천연 암반수 한 상자 사 올 테니까."

엄마는 아빠가 미처 대꾸할 사이도 없이 날렵한 동작으로 차에서 내리셨습니다. 그리고는 마치 조깅하는 폼으로 상가를 향해 달려가셨습니다.

"여자들이란……."

상희네 아빠는 철없는 어린아이를 쳐다볼 때의 표정으로 엄마를 바라보시며 "여자들이란……." 하고 중얼거리시는 버릇이 있습니다.

상희는 그런 아빠의 버릇이 무척 못마땅했지만, 오빠인 상

우는 어느 새 그런 아빠의 버릇을 배우고 있었습니다.

아빠는 차에 시동을 켠 채로 담배를 꺼내 피우셨습니다. 바깥바람이 찬 탓에 아빠가 창문도 열지 않은 채 계속 담배를 피우시자 차 안은 금세 담배 연기로 가득 찼습니다.

상희는 목안이 따끔따끔해지는 것을 느꼈습니다. 그렇다고 해서 마음껏 기침을 하자니 아빠 눈치가 보여서 그럴 수가 없었습니다. 상희는 차 문을 열고 밖으로 나왔습니다.

하지만 상희네 차는 시동이 걸려 있었기 때문에 뒤꽁무니에 붙은 배기통에서 검푸른 배기 가스가 계속해서 쏟아져 나오고 있었습니다.

상희는 숨을 크게 들이마셨지만, 시원한 공기의 맛을 느낄 수는 없었습니다.

상희는 고개를 들고 하늘을 올려다보았습니다.

하늘은 구름 한 점 없이 맑고 파랬습니다. 마치 가을하늘 같았습니다.

그러나 곧 겨울 북풍의 매서운 바람 한 자락이 상희의 코끝을 매섭게 때리고 지나갔습니다. 상희는 손으로 코 끝을 어루만지며 계속 하늘을 쳐다보았습니다. 그런데 구름 한 점 없이 파랗기만 하던 하늘에 갑자기 검은 그림자가 몰려들기 시작하는 것이었습니다.

"어? 먹구름이 몰려오네! 엄마 말씀대로 정말 어제 아빠가 세차를 해서 비나 눈이 오려는 게 아닐까?"

상희는 먹구름이 몰려드는 쪽으로 고개를 돌렸습니다.

그리고는 픽 웃음을 터뜨렸습니다.

"이런! 속았잖아."

먹구름의 정체는 바로 보일러실 굴뚝에서 나오는 검은 연기였습니다. 벙커시유를 태우고 나서 나오는 검은 연기가 아파트 단지 입구에 우뚝 서 있는 보일러실 굴뚝에서 뭉게뭉게 쏟아져 나오기 시작했던 것이었습니다.

상희네 차는 튼튼하고 멋있게 생긴 신형 자동차였습니다.

상희네가 이 차를 산 지는 얼마 되지 않았습니다. 아빠는 이 차를 아주 애지중지하시면서, "나의 애마!"라고 즐겨 부르십니다.

더욱이 이번 여행을 위해서 아빠는 어제 저녁 집으로 돌아오시는 길에 세차를 하셨다고 했습니다. 그래서인지 상희네 새 승용차는 온몸에 자르르 윤이 흘러 더욱 귀티 나게 보였습니다.

"모처럼 가족 여행을 떠나는데, 차가 깨끗해야 품위가 있지 않겠어?"

아빠는 자랑스럽게 말씀하셨지만, 엄마는 찬물을 끼얹는 듯한 말로 아빠의 기분을 상하게 만들었습니다.

"당신, 세차한 걸 보니 내일 날씨가 궂으려나 봐요. 당신이 세차를 하면 꼭 비가 오든지, 눈이 오든지 하잖아요."

엄마는 기분이 상하지 않도록 눈웃음을 지으시며 애교스럽게 아빠를 쳐다보셨지만, 아빠는 아주 못마땅하다는 표정으로 중얼거리셨습니다.

"여자들이란……."

먹구름인 줄
알았잖아.

하지만 엄마의 말씀이 틀린 것은 아닙니다.

이상하게도 상희네 차를 세차한 날이면 반드시 비가 오든지, 눈이 오든지 하는 것이었습니다. 이 새 차 이전에 있었던 승용차도 마찬가지였습니다. 세차한 지 하루도 못 되어 상희네 차는 다시 흙장난하던 개구쟁이처럼 지저분한 몰골이 되어 버렸던 것입니다.

하지만 오늘은, 아니 출발하기 직전인 지금만은 아주 깔끔한 신사처럼 멋진 모습을 하고 있었습니다.

상희는 흐뭇한 마음으로 말끔한 새 승용차의 옆구리를 마치 자기의 애마인 것처럼 툭툭 쳐주었습니다.

"상희야, 어서 타! 출발하자."

어느 새 가게에 다녀오신 엄마가 천연 암반수라고 적힌 생수 한 상자를 들고 차에 오르면서 상희를 부르셨습니다.

상희는 서둘러 차에 탔습니다.

"출발해요, 여보. 가다가 적당히 한적한 장소에서 잠깐 국도로 들어가는 것 잊지 마시구요."

엄마는 아빠의 어깨에 묻은 머리카락을 떼어 내시면서 출발을 명령하셨습니다.

쓰레기는 쓰레기통에

새 승용차는 중부 고속 도로를 향하여 힘차게 출발하였습니다.

상희는 차창 밖을 열심히 쳐다보았습니다. 새 승용차는 한강을 옆에 두고 시원스럽게 뻗은 올림픽 대로를 달리고 있었습니다.

"어머, 저 애들 좀 봐. 연을 날리고 있네!"

상희의 입에서 탄성이 터져 나왔습니다.

직선으로 쭉 뻗은 한강 고수 부지에서 아이들이 연을 날리고 있었던 것입니다.

"녀석들, 방학하자마자 연 날리러 나온 걸 보니 신이나긴 났군."

아빠도 너털웃음을 터뜨리시며 한 마디 하셨습니다.

"고수 부지를 만들긴 정말 잘 만들었어요. 그렇지 않으면 저 아이들이 어딜 가서 저렇게 연을 날리겠어요? 그렇죠, 여보?"

엄마도 흐뭇한 미소를 지어 보이며 말씀하셨습니다.

"그건 그렇지만 너무 인공적인 냄새가 풍겨. 강은 자연스러워야 제 맛인데 말이야. 우리 고향에 있는 금강은 저렇지 않아. 금강에 비하면 한강은 너무 뻔뻔하게 굳어 있는 거 같지 않아?"

아빠의 고향은 충청도에 있는 시골 마을입니다. 마당이 아주 넓고, 뒤뜰에는 커다란 감나무가 세 그루씩이나 서 있는 열 칸짜리 기와집에서 할머니 할아버지 두 분이 지금도 살고 계십니다.

"그래도 서울엔 금강보다 한강이 제격이에요. 구불구불 흐르는 금강은 첩첩이 쌓인 산과 함께 있어야 어울리지, 아파트나 빌딩 숲하고는 어울리지 않는다구요. 서울에 한강 대신 금강이 있다고 생각해 보세요. 아마 서울역 한가운데 촌닭 한 마리를 갖다 놓은 거나 마찬가질 거예요."

이렇게 말씀하시는 엄마는 서울 토박이십니다.

어떻게 해서 시골 총각인 아빠와 서울 깍쟁이인 엄마가 만나서 결혼을 하게 되었는지 알 수는 없는 일이지만, 매사에 티격태격하는 것 같으면서도 사이가 좋으시기만 한 두 분입니

다.

"아빠, 설악산엔 몇 시에 도착해요? 오늘 스키 탈 수 있을까요?"

오빠인 상우는 어서 빨리 스키를 타고 싶은 생각뿐인가 봅니다.

"글쎄다. 내가 그걸 어떻게 알겠니? 아침 일찍 출발한다고 했어도 이 정도니 도로 사정이 어떻게 변할는지 모르지. 게다가 학생들 방학이고 주말까지 됐으니 너도나도 고속 도로로 쏟아져 나오지 않겠니? 그러니 난 절대로 장담 못 한다."

아빠는 고개를 절레절레 흔들며 일찌감치 체념한 듯한 목소리로 말씀하셨습니다.

"그럼 적당한 곳에서 국도로 들어가요. 고속 도로가 밀리면 말이에요. 국도로 가면 나도 한번 운전해 봐야지. 운전 면허를 딴 지 5년이 지났는데도 그 동안 제대로 핸들을 잡아볼 기회가 없었다구요."

엄마는 잔뜩 들뜬 목소리로 말씀하셨습니다.

"아서요, 아서. 누구 잡을 일 있어? 온 가족의 목숨을 담보로 운전을 하겠단 말야?"

아빠는 어림도 없다는 듯이 단호하게 말씀하셨습니다.

그러자 엄마도 물러설 수 없다는 듯 딱 잘라 말씀하셨습니다.

"이래도 난 5년 동안 무사고 운전자라구요."

"흥! 5년 동안 무운전이니까 무사고지."

아빠는 코웃음을 치셨습니다.

엄마는 작전을 바꿔서 애원조로 말씀하셨습니다.

"차가 별로 다니지 않는 한적한 길이 나오면 10분, 아니 5분 동안만 해 볼게요. 이러다간 난 평생 운전 한 번 못해 보고 끝

날 거야. 그러면 운전 학원비로 들인 돈이 아깝잖아요. 그 돈도 당신이 땀 흘려 번 돈인데 말이에요. 투자한 건 확실히 뽑아야죠. 그렇죠, 여보?"

그러나 아빠는 아무런 대꾸도 하지 않으셨습니다.

엄마도 더 이상 아빠를 조르지 않고 굳은 표정으로 앞을 쳐다보셨습니다. 아마도 엄마는 차가 국도로 들어설 때만을 기다리고 계신 듯했습니다. 그 때가 되면 어떻게 해서든지 핸들을 잡고 말 것이 분명했습니다.

"그런데 엄마, 저 뒤에 실은 쓰레기 봉지 속에는 뭐가 들어 있어요?"

상희가 문득 생각났다는 듯 엄마에게 불쑥 질문을 던졌습니다.

"넌 몰라도 돼."

엄마는 뒤도 돌아보지 않으시고 냉정하게 대답하셨습니다.

"이불이에요?"

이번에는 오빠 상우가 조심스럽게 엄마의 눈치를 살피며 물었습니다.

"아니야."

엄마는 무척 대답하기 곤란하다는 듯한 표정을 지으셨습니다.

“그럴 거 뭐 있어? 그렇게 자식한테 창피하게 생각되는 일이라면 애당초 하지를 말았어야지. 그렇지만 이젠 어쩔 수 없잖아. 어차피 저지를 일인데 애들한테 속 시원하게 이야기나 해 주지 그래?”

아빠가 묘한 미소를 지으며 말씀하셨습니다.

“당신은 꼭 그렇게 말해야겠어요? 내가 이러는 게 뭐 나 혼자 잘 먹고 잘 살자고 그러는 거예요? 다 우리 가족을 위하는 일 아니냔 말이에요."

엄마는 뾰로통하게 입술을 내밀며 말씀하셨습니다. 아빠의 태도가 마음에 들지 않는다는 표시입니다.

"그런데 도대체 뭐가 담긴 거야? 그래도 꽤 무겁던데."

이번에는 아빠도 궁금한 듯 엄마를 쳐다보며 물어 보셨습니다.

엄마는 어쩔 수 없다는 듯 기어 들어가는 목소리로 대답하셨습니다.

"낡은 커다란 쿠션, 상희 곰인형, 옛날에 쓰던 전화기, 화장품 병들, 작년에 쓰고 남은 우리 가게 광고지. 그런 것들이죠, 뭐."

그러니까 엄마 말씀으로는 쓰레기 봉지 속에 갖가지 쓰레기가 들어 있다는 이야기였습니다. 그것도 재활용품이 아닌 커다란 덩치의 쓰레기들 말입니다.

"광고지는 왜? 종이는 재활용품으로 분리 수거 할 수 있잖아?"

아빠께서 물으셨습니다.

"우리 가게 광고지는 비닐 코팅을 했잖아요. 그건 분리 수거 대상에서 빠져요. 작년에 인쇄한 것 중에서 절반이나 돌렸을까? 남은 건 그대로 베란다에 쌓아 뒀었잖아요. 지금 버리지 않으면 그것도 다 돈이라구요."

엄마는 마치 가족을 위해서라면 어떠한 투쟁이라도 할 수 있을 것 같은 투사처럼 보였습니다.

"그런데 엄마, 우리 집 쓰레기를 어디로 가지고 가는 거예요?"

상희의 물음에 엄마의 어깨가 잠깐 움츠러들었습니다.

"그, 그건…… 가, 가다가 말야. 쓰레기 종량제를 아직 실시하지 않는 지방이 나오면 그 곳에 있는 쓰레기장에 버리려고 그래. 저기 있는 쓰레기들은 부피가 너무 커서 우리가 쓰는 종량제 규격 봉지엔 들어가지도 않는단다. 그래서 하는 수 없이, 별로 좋은 방법은 아니지만 이런 방법이라도 쓰는 거야. 시골에는 아직 쓰레기 종량제를 안 하는 곳이 많지 않겠니?"

엄마의 석연치 않은 대답에 상희는 고개를 갸웃거렸습니다.

'이상하다? 쓰레기 종량제는 전국적으로 실시한다고 뉴스에서 그랬는데…….'

하지만 상희는 속으로만 생각하고 말았습니다. 더 이상 엄마를 곤란하게 만들고 싶지 않았기 때문입니다.

엄마는 쓰레기 때문에 가족들의 눈총을 받게 된 것이 몹시도 억울하신 듯했습니다. 그리고는 기분이 몹시 상하셨는지 한참 동안 아무 말씀도 하지 않으셨습니다.

아파트 단지
곳곳마다 갖가지
쓰레기가 산더미처럼
쌓여 있는거 보지도
못 했어?
요 며칠 동안
몹시 바빴단
말이에요.

아빠는 가족들의 침체된 분위기를 바꾸시려는 듯 핸드폰을 꺼내셨습니다. 그리고는 어디론가 전화를 거셨습니다.

"여보세요. 아, 미스터 김! 나야. 일찍 나왔냐?…… 그래, 우린 지금 중부 고속 도로 타고 있다. …… 그래, 알았어. 가게 잘 봐라. 콘도 가면 전화할게. 무슨 일 있으면 핸드폰으로 연락하고. …… 그래. 수고해라."

전화를 끊고 난 뒤 아빠는 슬쩍 엄마의 눈치를 살피셨습니다.

"언제까지 그렇게 심술을 내고 앉아 있을 거야? 좋다구. 기왕에 저지를 일이니까 실수 없이 깔끔하게 해치우자구. 으슥한 시골 산길 같은 데 슬쩍 버리면 되는 거 아

니겠어? 걱정하지 마. 당신이 지옥을 간다고 해도 나는 당신을 좇아갈 테니까 말야."

그러자 엄마는 어이가 없다는 듯 피식 웃음을 터뜨리셨습니다.

"웬일로 당신이 그렇게 심한 아부를 다 해요? 내 평생 처음 들어보는 소리네."

아빠는 더욱 능청스럽게 말씀하셨습니다.

"표현을 안 했다 뿐이지. 난 항상 그런 마음을 가지고 있었다구. 난 당신이 내 마음을 알고 있는 줄 알았는데, 그게 아니었나 보군?"

"어유, 이런 능청!"

엄마는 아빠의 어깨를 가볍게 치시며 웃음을 터뜨리셨습니다.

상우와 상희도 그런 아빠 엄마의 모습을 보며 킥킥 웃음을 터뜨렸습니다.

그러는 동안 차는 영동 고속 도로로 접어들

었습니다.

생각보다는 많은 사람들이 차 지붕 위에 스키를 싣고 영동 고속 도로 위를 달리고 있었습니다. 모두들 상희네처럼 방학하자마자 스키장으로 떠나는가 봅니다.

"이거, 잘못하다간 해가 진 후에나 도착하겠는 걸."

아빠께서 걱정스럽다는 듯이 혼잣말을 하셨습니다.

"날씨가 점점 흐려지는 것 같아요. 이러다가 눈이라도 내리는 거 아닌가 모르겠네."

엄마도 걱정스러운 표정으로 하늘을 쳐다보셨습니다.

"쓰레기 버리는 거 말야. 오다가 버리면 안 될까? 괜히 국도로 들어가서 돌아다니다간 죽도 밥도 안 되겠는 걸?"

아빠는 시계와 하늘을 번갈아 쳐다보시면서 엄마에게 물으셨습니다. 그러나 엄마는 단호하게 말씀하셨습니다.

"그건 안 돼요. 쓰레기를 일 주일 내내 차에 싣고 다니는 것도 꺼림칙해요. 오늘 하루를 소비하더라도 저 애물단지는 오늘 안으로 처리하는 게 좋겠어요. 조금 늦게 도착하면 어때요? 어차피 오늘 안에만 도착하는 게 목적이잖아요."

아빠는 엄마의 결심이 확고하다는 것을 아셨는지 아무 말씀도 하지 않으셨습니다. 그리고는 차의 속도를 한껏 높이셨습니다.

한참을 그렇게 달려가고 있는데, 상우가 엄마의 어깨를 툭 툭 치며 조심스럽게 물었습니다.

"엄마, 우리 휴게실 안 들려요?"

엄마는 고개를 돌려 뒷자리에 앉아 있는 상우와 상희를 쳐다보셨습니다.

"화장실 가고 싶니?"

"예."

상우가 급하다는 표정을 지어 보이며 고개를 끄덕였습니다.

"좋아. 그렇다면 들러야지."

마침 휴게실을 알리는 표지판이 성큼성큼 다가오더니 차 옆으로 휙 사라졌습니다.

"잘 됐네. 여보, 우리 저 휴게실에 들릅시다."

엄마의 말씀이 아니더라도 아빠는 벌써 휴게실로 통하는 차선으로 방향을 돌리고 계셨습니다.

"너희들 화장실에 가고 싶은 게 아니라 군것질을 하고 싶은 거지?"

휴게실 주차장에 차를 주차시킨 뒤에서야 아빠는 상우와 상희를 돌아보며 말씀하셨습니다. 속마음을 들킨 상우와 상희는 그저 겸연쩍게 웃는 걸로 대답했습니다.

"놀러 가는 재미가 다 그런 거죠, 뭐. 화장실에 먼저 갔다가

매점에 들러서 먹고 싶은 걸 사도록 하자."

"날씨가 정말 꾸물꾸물하네. 가다가 눈이 오면 길이 막힐지도 모르니까, 간단하게 요기할 수 있는 것도 좀 사야겠어요."

"좋아. 그러면 각각 남자 화장실과 여자 화장실로 헤어졌다가 매점에서 만나자구."

아빠가 상우의 손을 잡고 남자 화장실 쪽으로 급히 걸음을 옮기시면서 엄마에게 말씀하셨습니다.

상희는 별로 화장실에 가고 싶은 생각이 없었지만 엄마의 성화에 못 이겨 억지로 소변을 보았습니다.

"어서 가자. 아빠랑 오빠는 벌써 나왔겠다."

상희가 화장실에서 나오자 엄마는 서둘러 매점 쪽으로 발길을 옮기셨습니다. 아빠와 상우는 벌써 매점 안에서 무엇을 살까 하고 둘러보고 있었습니다.

"난 햄버거 먹을 거야. 상희 넌 뭐 먹을래?"

"난 오뎅 먹을래."

상우와 상희는 각각 햄버거와 즉석 오뎅을 들고 테이블이 있는 곳으로 갔습니다.

"햄버거 많이 먹으면 살찐대."

뜨거운 오뎅 국물을 후후 불고 있던 상희가 불쑥 말했습니다. 상우는 한 입 가득 햄버거를 물고 있어서 뭐라고 대꾸는 하지 못했지만 가자미 눈으로 상희를 흘겨보았습니다.

"정말이야. 텔레비전에서 그랬단 말이야. 햄버거나 핫도그, 프라이드 치킨 같은 걸 주로 먹는 미국 사람들 중에는 비만 환자가 엄청나게 많다고 말야. 원래 비만은 암이나 에이즈보다 더 고치기 어려운 불치병으로 친대. 그렇죠, 엄마?"

상희는 커피를 들고 오신 엄마에게 물었습니다.

"그건 상희 말이 맞아. 상우 넌 즉석 음식을 너무 좋아하는 경향이 있어. 밥은 잘 먹지 않으면서 말야. 식생활을 바꾸지 않으면 상희 말처럼 비만 환자가 될지도 몰라. 그러니까 잘 생각해서 결정해."

엄마와 상희의 협공에도 불구하고 상우는 전혀 신경을 쓰지 않았습니다. 오히려 눈 깜짝할 사이에 햄버거 하나를 먹어 치우고서는 상희의 오뎅을 넘보는 것이었습니다.

상우 넌 특식
음식을 너무 좋아하는
경향이 있어. 식생활을
바꾸지 않으면 뚱뚱보가
될지도 몰라.

"난 남자니까 조금 뚱뚱해져도 괜찮지만, 상희 넌 여자니까 몸매에 신경 좀 써야 할거다. 그 오뎅 많지? 오빠가 좀 먹어 줄까?"

"됐네요!"

상희는 냉큼 오뎅 그릇을 들고 상우에게서 멀찍이 떨어졌습니다.

"당신은 또 담배예요? 벌써 세 개피째라구요."

엄마는 새 담배를 피워 무시는 아빠에게 큰 소리로 잔소리를 하셨습니다. 아빠는 커피가 반쯤 남아 있는 일회용 컵에 담뱃재를 터시며 엄마의 잔소리를 못 들은 척하셨습니다.

"당신이 담배를 피우는 건 가족들을 사랑하지 않기 때문이에요. 일단 결혼한 남자들은 가족들을 위해서 자기의 건강을 잘 관리해야 할 필요가 있다구요. 당신이 암에 걸려 봐요. 난 과부가 되고 상희와 상우는 아빠 없는 아이들이 되잖아요? 당신은 우리가 그런 불행에 빠지길 바라는 사람 같아요. 그러니까 허구한날 그렇게 담배를 피워 대죠. 어디 그뿐인가요? 당신 때문에 우리 모두 간접 흡연의 굴레에서 벗어나지 못하고 있다구요."

엄마의 끊임없는 잔소리에 아빠는 질렸다는 표정으로 두 손을 번쩍 드셨습니다. 그리고는 반쯤 남은 담배를 커피에 퐁당

담그셨습니다.

"알았어, 알았다구. 다들 먹었으면 가자."

아빠는 고개를 절레절레 흔들며 앞장서서 매점을 나가셨습니다. 상우와 상희도 아빠의 뒤를 따랐습니다.

네 식구는 차가 있는 곳을 향하여 걸어갔습니다. 그런데 매점을 막 나설 무렵 누군가가 뒤에서 상희네를 불렀습니다.

"여보세요! 거기 가시는 손님!"

상희네 식구들은 그냥 가려고 했습니다. 휴게실에서 자기를 부를 사람은 아무도 없다고 생각했기 때문입니다. 아는 사람을 만난 적이 없었거든요.

그러나 그 사람은 후닥닥 뛰어와서 엄마의 등을 툭 쳤습니다.

"어머, 깜짝이야! 이 사람이 왜 이래?"

엄마는 앙칼진 목소리로 비명을 질렀습니다. 그 때문에 앞서가던 상희와 상우, 아빠까지도 깜짝 놀라 걸음을 멈추고 뒤를 돌아보았습니다.

엄마의 등을 친 사람은 매점의 직원인 듯 보이는 늙은 아저씨였습니다. 그 아저씨는 군청색의 낡은 작업복 점퍼를 입고 계셨습니다.

"왜 그러십니까?"

아빠는 기분 나쁜 표정으로 그 사람에게 물었습니다.

"손님들께서 방금 음식 드신 자리를 한번 확인하고 가시라구요."

아저씨는 아까 상희네가 음식을 먹었던 자리를 가리켰습니다. 테이블 위에는 상희네가 먹고 남긴 음식 포장지와 일회용 컵, 젓가락들이 어지럽게 널려 있었습니다.

"왜요? 우리가 뭘 잊어버리고 오기라도 했나요? 당신 지갑 있어요?"

아저씨와 상희네 식구들은 아까 음식을 먹었던 자리로 되돌아갔습니다. 테이블을 쳐다보신 엄마는 아저씨의 말을 이해할 수 없다는 듯 고개를 갸웃거리며 지갑을 꺼내 살피셨습니다.

"잊어버리신 게 있죠. 하지만 지갑은 아닙니다. 손님들께서는 음식을 드시고 나서 남긴 쓰레기를 처리하지 않으셨어요. 이렇게 해 놓고 그냥 가 버리시면 다른 손님들은 어떻게 합니까?"

그제서야 엄마는 그 아저씨가 무슨 말을 하는지 알아챘습니다.

"이 아저씨 좀 봐. 여기 청소는 여기 직원이 하는 거지, 우리가 왜 해요? 아저씨는 여기서 월급 받고 계신 분 아니에요? 그럼 월급을 받는 만큼 일을 하셔야겠군요. 그렇다면 여기 치우는 일은 아저씨 일인데, 그걸 왜 손님인 우리에게 강요하는 거죠? 우리는 돈을 내고 음식을 샀어요. 음식값에 쓰레기 값까지 포함되어 있는 줄 뻔히 안단 말이에요."

엄마는 아주 논리적으로 아저씨에게 따져 물었습니다.

그 사이에 상희는 얼른 테이블 위에 놓인 쓰레기들을 집어 쓰레기통에 넣었습니다. 엄마가 그런 일로 싸움을 벌이는 것이 몹시도 창피했기 때문입니다.

"그냥 둬! 그건 우리가 할 일이 아니야."

엄마는 상희가 쓰레기를 치우는 것을 보시고는 소리를 빽 지르셨습니다. 그리고는 상희 손에 들려 있던 일회용 컵을 빼앗아 테이블 밑에 있는 쓰레기통에 홱 처박아 넣으셨습니다. 그 커피 컵은 아까 아빠가 재떨이로 쓰셨던 것이었습니다.

아저씨는 그런 엄마의 태도에도 조금도 움츠러드는 기색 없이 당당하게 말씀하셨습니다.

"그 일회용 컵은 거기다 버리시면 안 됩니다. 저기 써 붙여 놓은 안내문도 안 읽어 보셨습니까? 저희 휴게소에서는 일회용 컵을 모아 깨끗이 씻은 뒤 농촌으로 보내는 운동을 하고 있습니다. 여기서는 한 번 쓰고 버리는 물건이지만, 농촌에서는 모종을 기를 때 아주 편리하게 쓰이기 때문이지요. 하지만 이렇게 마시고 남은 커피에다 담배까지 타 놓은 종이컵은 별로 쓸모가 없답니다. 씻기도 번거로울 뿐만 아니라 씻는다 해도 커피나 담배 같은 것이 하수구로 들어가 수질 오염을 일으키기 때문이지요."

아저씨의 태도에 엄마는 기가 막히다는 표정을 지으셨습니다.

"아니, 아저씨가 도대체 뭐예요? 여기 직원이면 직원답게 행동할 것이지, 손님을 가르치려 들어요? 여기 책임자 누구예요? 손님을 이렇게 무례하게 대해도 되는 거예요? 아니, 손님은 왕이라는 말도 몰라요."

엄마는 매점 안이 떠나가도록 카랑카랑한 목소리로 말했습니다.

아빠는 그런 엄마의 팔을 슬쩍 잡아당기셨습니다. 어서 가자는 뜻입니다. 매점 안에 있는 사람들이 모두 상희네 식구들을 쳐다보고 있었던 것입니다.

"이거 놔요! 난 이런 부당한 대우를 받고는 참을 수가 없어요. 따질 수 있을 만큼 따져 보자구요! 여기 책임자 어디 있어요? 아가씨, 여기 책임자 좀 불러 줘요!"

엄마는 이미 잔뜩 흥분할 대로 흥분한 상태였습니다.

엄마는 카운터에 있는 판매원을 향해서 큰 소리로 외쳤습니다.

그런데 이상하게도 그 판매원 아가씨는 살며시 미소만 띨 뿐이었습니다.

"아주머니 왜 그러십니까?"

어느 새 한 사람의 중년 신사가 상희네 식구가 있는 곳으로 다가와 있었습니다. 그 아저씨는 아주 말쑥한 양복 차림의 멋쟁이였습니다.

"아저씬 누구세요? 여기 책임자예요?"

엄마는 아주 기세 등등하게 그 아저씨를 쳐다보며 물었습니다.

"그렇습니다만, 무슨 일로 그러시죠?"

아저씨는 부드러운 미소를 띠며 엄마에게 물었습니다.

"직원 교육 좀 잘 시키세요! 자기 일을 손님에게 떠넘기려는 사람이 대체 어디 있어요? 이 아저씨 여기 청소부 맞죠? 그런

데 이 아저씨가 우리에게 쓰레기를 치우라는 거예요. 이런 일이 있을 수 있어요?"

엄마는 아주 억울한 일을 당했다는 듯 그 책임자 아저씨에게 따져 물으셨습니다. 그러나 책임자라는 아저씨는 빙그레 미소를 띤 채 말씀하셨습니다.

"이분은 여기 직원이 아닙니다. 물론 청소부도 아니시구요."

그 말에 상희네 식구들은 깜짝 놀랐습니다.

"여기 직원이 아니시라구요?"

엄마는 다시 한 번 다짐하듯이 물으셨습니다.

"그렇습니다. 여기 계신 이분은 저희 매점의 직원이 아닙니다."

책임자 아저씨는 낡은 점퍼를 입은 아저씨에게 공손히 고개를 숙여 보이며 살짝 미소를 띠셨습니다.

엄마는 조금 당황하신 듯했지만 여기서 물러날 수 없다는 듯 다시 공격의 고삐를 낚아채셨습니다.

"그럼 더 기가 막힐 일이군요. 여기 직원도 아닌 분이 무슨 권리로 남의 일에 콩이야, 팥이야 하고 간섭이시죠?"

엄마가 다시 재공격을 시작하자 아빠는 조금 강하게 엄마의 팔을 잡아 끄셨습니다.

"그만 하고 가! 나이 드신 어르신께서 우리 잘못을 지적해 주셨는데 고맙게 생각하고 잘 알아들어야지, 아이들 보기에 창피하지도 않아? 어서 사과 드리고 가자구!"

아빠는 어서 빨리 휴게소를 떠나고 싶으신 모양입니다. 그것은 상희와 상우도 마찬가지였습니다. 엄마의 행동이 그다지 옳게 보이지 않았기 때문입니다.

하지만 엄마는 막무가내였습니다.

"사과를 내가 왜 해요? 저 아저씨한테서 사과를 받아야지!"

엄마가 계속 이런 식으로 나가자 책임자 아저씨는 하는 수

여기 직원이
아니시라구요?

없다는 듯 낡은 점퍼를 입은 문제의 그 아저씨의 정체를 밝혔습니다.

"이분은 도지사님이신데, 저희 휴게소에서 환경 보호를 위한 자원 봉사를 하고 계신 겁니다. 환경을 살리자는 그린 스카우트 대원이시거든요."

그러자 엄마의 입이 딱 벌어지고 말았습니다. 엄마는 금세 홍당무처럼 얼굴을 붉히고는 어쩔 줄 몰라 하셨습니다.

아빠와 상우, 상희도 놀란 것은 마찬가지였습니다. 상희네 식구들은 쥐구멍으로라도 도망가고 싶은 심정이 되었습니다.

"이, 이거 죄송합니다. 도지사님께서 이렇게 직접 나오셔서 좋은 일을 하시는데, 저희가 버릇없이 굴어서요. 정말 죄송합니다."

엄마는 너무도 놀라고 창피한 나머지 아빠 뒤로 숨어 버리셨습니다. 하는 수 없이 아빠가 나서서 대표로 사과를 드렸습니다.

그러자 도지사님은 다시 따끔하게 야단을 치셨습니다.

"환경 보호는 어느 특별한 사람만 해야 하는 일이 아닙니다. 선생님께서 지금 함부로 버린 커피가 얼마나 환경을 해치는 줄 아십니까? 커피 한 잔이 버려진 물을 고기가 살 수 있는 물로 만들기 위해서는 욕조만한 통으로 무려 6통의 물을 부어야만 합니다. 그래야만 그 물에서 생물이 살 수 있게 되는 거예요. 그런데 선생님처럼 커피에다가 담뱃재까지 섞어 버리면 어떻게 되겠습니까? 그리고 아주머니, 자기가 먹고 남긴 쓰레기를 자기가 치우는 것이 그렇게도 억울하십니까? 아주머니께서는 화장실에서 용무를 보고 난 다음, 화장지 회사 사람을 불러 닦아 달라고 하시나요? 그것과 같은 이치지요. 자기가 만든 쓰레기를 자기가 치우는데 뭐가 그렇게 부당해요!"

"죄송합니다, 도지사님. 저희가 아무 생각 없이 한 행동이 이렇게까지 큰 문제를 일으킬 줄 몰랐습니다. 앞으로는 주의하겠습니다."

아빠는 고개 숙여 거듭 사과를 드렸습니다.

그러자 도지사님은 아빠 뒤에 숨어 있는 엄마에게 물으셨습니다.

"아주머니는 어떠세요? 아직도 억울하세요?"

"아, 아닙니다. 잘못했어요."

엄마께서는 들릴듯 말듯한 목소리로 겨우 대답하셨습니다.

"우리나라에서는 아직도 한 사람의 직위에 따라서 모든 대접이 결정되는 잘못이 벌어지고 있습니다. 만약 내가 정말 이 휴게소의 청소부 직원이었다면 어땠을까요? 아주머니나 선생님께서는 끝내 저를 책임자에게 넘겨 처벌해 달라고 하셨을

자기가 만든 쓰레기를 자기가 치우는데 뭐가 부당해요!
죄송합니다, 도지사님.

겁니다. 제가 도지사라서 사과를 한 것이라면 지금이라도 취소하세요. 오히려 아까처럼 당당하게 따지고 욕을 하는 편이 낫습니다. 진정으로 깨우친 것이 아니라면 말이에요. 도지사 앞에서는 반성하고, 청소부 앞에서는 당당할 수 있는 태도를 어떻게 생각해야 할지 모르겠군요."

도지사님은 정말 깐깐하신 분인 것 같았습니다. 상희네 식구들이 변명조차 하지 못하도록 속을 환히 들여다보시고 계시니 말이에요.

"정말 저희가 잘못했습니다. 다음부터는 이런 일이 없도록 주의하겠습니다. 그러니 노여움을 푸시고 용서해 주십시오."

아빠는 다시 한 번 용서를 빌었습니다.

그제서야 도지사님도 엄격했던 표정을 누그러뜨리셨습니다. 그리고는 상희와 상우의 머리를 차례로 쓰다듬어 주셨습니다.

"너희들은 이런 일을 거울삼아 앞으로 바르게 행동해야 한다."

"예."

상희와 상우도 고개를 푹 숙인 채 조그만 소리로 대답했습니다.

"어서 가 보십시오. 제가 너무 격하게 말씀드린 것 같은데 용서하세요. 선생님 가족은 이 매점 안에서 대표로 뽑히신 겁

니다. 이 매점을 이용하는 사람들 대부분이 선생님 가족과 똑같은 사람들입니다. 하지만 제가 굳이 선생님 가족을 지목한 것은 사심이 있어서가 아닙니다. 오히려 선생님 가족이 우리나라의 중산층 가족을 대표하는 것 같아서 그랬던 것뿐이니, 오해하시지 말기 바랍니다. 저에게도 선생님 정도 나이가 먹은 아들이 있습니다. 아들이라고 생각하고 스스럼없이 대한 것이니 이해하십시오."

도지사님은 아빠에게 악수를 청하시면서 미소를 지으셨습니다.

"별 말씀을요, 덕분에 많이 배웠습니다."

아빠가 도지사님과 악수를 나눈 뒤, 상희네 가족은 황급히 매점을 나왔습니다.

엄마, 아빠! 너무해요

차는 고속도로를 쏜살같이 달렸습니다.

한시라도 빨리 휴게소에서 멀리 벗어나고 싶었기 때문입니다.

아빠는 아무 말 없이 담배를 피워 무셨고, 상희와 상우도 무거운 마음으로 창 밖만 바라보고 있었습니다. 아침에 출발할 때 갖고 있었던 들뜬 마음은 이미 사라져버린 뒤였습니다.

이러한 상희네의 기분을 대변이라도 하듯 날씨마저 잔뜩 찌푸려 있었습니다.

엄마는 한참 동안 아무 말도 하지 않으시더니, 생각하면 할수록 억울하다는 듯 푸념을 하셨습니다.

"어휴, 정말 화가 나네. 도지사 양반이시면 도청에나 계실 일이지, 휴게소엔 왜 나와 계신담! 그리고 도지사면 도지사답

게 차려 입으셔야지. 사람 놀리는 것도 아니고, 이게 대체 무슨 망신이야! 자기가 무슨 현대판 암행 어사라도 되나!"

"조용히 해! 잘못은 우리가 한 거지, 뭐. 그러니까 더 이상 이야기하지 마."

아빠가 나직이 말씀하셨습니다.

"그건 그렇고 뒤에 실은 쓰레기는 어떻게 할거야? 그 정도로 망신을 당했으면 그만 두지 그래. 그냥 싣고 다니다가 서울 가서 처리하도록 해. 돈을 좀 들이더라도 말이야."

하지만 엄마는 고개를 저으셨습니다.

"싫어요. 기왕에 망신당한 거, 본전을 뽑자구요, 설마 그 양반이 우리 뒤를 미행이라도 하겠어요? 서울엘 가도 저 쓰레기들을 처리할 뾰족한 방법이 없어요, 그러니까 한번 결심한 거, 밀어 붙여요."

아빠와 엄마의 대화를 들은 상희는 엄마에게 쓰레기를 그냥 서울로 가지고 가자고 말씀드리고 싶었습니다. 하지만 상희가 그렇게 말씀드린다고 해도 엄마의 고집은 꺾이지 않을 것이 분명했습니다. 상희도 엄마의 고집을 잘 알고 있습니다. 상희는 엄마를 부르려다가 입을 다물고 말았습니다.

차는 어느 새 한적한 국도로 들어서고 있었습니다.

길 옆으로는 추수를 끝낸 논과 밭들이 한가롭게 펼쳐져 있었습니다.

그런데 가끔씩 논과 밭의 한쪽 구석에 커다란 짚더미 같은 것들이 쌓여 있었습니다. 그 짚더미들은 검게 썩어가고 있었습니다.

상희는 그 짚더미의 정체가 무엇인지 궁금했습니다.

"아빠! 저 논과 밭에 쌓여 있는 짚더미는 뭐예요? 벼를 쌓아 놓는 거예요? 저렇게 썩어 가고 있는데, 왜 그냥 놔 두는 거지요?"

아빠는 잠깐 주위를 둘러보시더니 이렇게 말씀하셨습니다.

"저건 벼를 탈곡하고 남은 짚에다가 가축들의 배설물이나 음식 찌꺼기 같은 것들을 섞어서 봄이 될 때까지 썩히는 거야. 거름을 만들려고 말이야. 상희 너, 퇴비라고 들어 봤니? 천연 비료라고나 할까? 봄이 되어 논밭을 갈 때 저 퇴비를 섞어 땅을 기름지게 만든단다. 저런 퇴비를 섞으면 땅이 정말 좋아지지. 흙을 뒤집을 때마다 손가락만한 지렁이들이 꿈틀거린단다."

아빠의 설명에 엄마가 비명을 지르셨습니다.

"아휴, 징그러워! 그렇게 지저분한 흙에서 나는 쌀을 우리가

먹는단 말이에요?"

아빠는 어이가 없다는 듯 엄마를 쳐다보셨습니다.

"당신은 뭘 몰라도 너무 모르는군. 당신도 무공해 채소 예찬론자잖아. 무공해 채소가 뭔지도 모르고 그렇게 찾아다녔단 말이야? 무공해 채소가 바로 퇴비를 비료로 해서 기른 거라구."

아빠의 핀잔에 엄마는 이해가 잘 되지 않는다는 듯 고개를 갸웃거렸습니다.

"무공해 채소는 화학 비료나 농약을 쓰지 않는 거잖아요. 화학 비료 대신 수경 재배를 하고, 농약 대신에 식초 같은 걸 뿌려서 해충을 막는 거 아니에요?"

"물론 그런 방법도 있지. 하지만 가장 좋은 방법은 건강한 흙에서 정성들여 길러 내는 거야. 퇴비 하나만 만들려고 해도 얼마나 많은 노력이 드는지 알기나 해? 그렇게 해서 만들어진 퇴비가 바로 우리의 몸을 살찌우는 거라구. 내 어머니 아버지께서 바로 그런 방법으로 농사를 지어 나를 키우셨어. 그런데

며느리라는 사람이 이 모양이니, 난 이만저만한 불효자가 아니군. 안 되겠어. 어때, 당신? 일 년 정도 시골에 내려가서 시부모님 모시며 자연 공부 좀 하는 것이."

아빠의 말씀에 엄마는 펄쩍 뛰셨습니다.

"이 양반 말 하는 것 좀 봐. 싫어요! 난 죽으면 죽었지, 촌구석에서는 못 산다구요. 명절 때 며칠 동안 시골에 내려가 있는 것만 해도 숨이 막힐 지경인데……. 난 도시 출신이라 도시가 좋아요. 그리고 당신처럼 시골을 사랑하는 사람이 있고, 또 나처럼 도시를 사랑하는 사람도 있어야 서로 공평한 거 아니겠어요? 그래야 도시와 농촌이 함께 발전하지요."

아빠는 고개를 끄덕이셨습니다.

"그건 그래. 하지만 나처럼 매일 어이없는 억지에 눌려 사는 사람이 많아서 우리 농촌이 그 모양인 것 같아. 그러니 앞으로는 내 고향 농촌을 살리기 위해서 나도 당신에게 권리 주장을 좀 해야겠는 걸."

"뭐라구요?"

아빠의 말씀에 엄마는 웃음을 터뜨리셨습니다. 상희와 상우도 서로 마주보며 미소를 지었습니다. 그 덕택에 조금 전에 휴게소에서 엉망이 되었던 분위기가 한껏 되살아나는 것 같았습니다.

차는 산굽이를 돌아 한적한 시골길을 달리고 있었습니다.

"여보, 저기쯤이면 좋겠어요. 아까부터 이 길에는 사람이나 차가 보이지 않았어요. 인적이 드문 곳인가 봐요. 그러니까 저쪽에 있는 소나무 숲 앞에서 잠깐 세우세요. 아마 조금만 더 가면 마을이 있을 테니 이 소나무 숲에는 쓰레기를 모아 놓는 곳이 분명히 있을 거예요."

아빠는 엄마가 가리킨 소

나무 숲 앞에서 차를 세우셨습니다. 그 곳은 정말 인적이 드물고 적막한 곳이었습니다. 저 멀리에 장난감 같은 집들이 모여 있는 마을이 보였지만, 숲이나 길에는 강아지 한 마리도 보이지 않았습니다.

엄마와 아빠는 차에서 쓰레기 봉지를 내리셨습니다.

"상희야, 상우야. 너희들도 차에서 내려 맑은 공기를 좀 마셔라!"

엄마의 말에 상희와 상우도 차에서 내려 맑은 공기를 한껏 들이마셨습니다.

엄마와 아빠는 쓰레기 봉지를 들고 소나무가 드문드문 서 있는 숲 한가운데로 들어가셨습니다.

"여기예요, 여보! 어때요? 내 말이 맞지요? 여기 있는 구덩이 속에 뭔가를 태운 자국이 있어요. 분명히 쓰레기를 태운 자국일 거예요. 우리 쓰레기도 여기다 버리면 되겠어요. 그러면 마을 사람들이 쓰레기를 태울 때 우리 쓰레기도 함께 태울 거 아니겠어요?"

엄마는 아주 의기 양양한 자세로 구덩이 속에 쓰레기 봉지를 던져 넣으셨습니다. 아빠도 들고 있던 쓰레기 봉지를 미련 없이 던져 넣으셨습니다.

"어휴! 속이 다 개운하다. 십 년 묵은 체증이 쑤욱 내려가는 기분이네. 그 골칫덩이를 처분했으니 이제야말로 휴가다운 휴가를 즐기게 됐지 뭐예요."

엄마는 가슴을 활짝 펴고 심호흡을 하면서 즐겁게 외치셨습니다.

"이 공기 좀 봐! 정말 숨을 쉬는 것 같지 않아. 자연스럽게 공기가 코로 들어가고 나오는 것 같지 뭐야. 서울에서는 이렇지 않아. 그 오염된 공기 중에서 힘들여 산소를 골라 마시고, 이산화탄소를 내뿜어야 되는게 느껴질 정도니까 말예요. 이 공기를 서울로 가지고 가는 방법이 없을까요, 여보?"

엄마는 아빠의 팔짱을 끼면서 명랑한 목소리로 말씀하셨습니다.

"서울로 가지고 갈 수는 없으니까 지금 실컷 마셔 두도록 해!"

아빠도 심호흡을 크게 하시며 흡족한 표정으로 말씀하셨습니다.

숨쉬기 운동을 하듯 크게 호흡을 하시던 엄마는 주위를 둘러보시다가 문득 생각났다는 듯 아빠에게 말씀하셨습니다.

"여긴 정말 한적한 곳인가 봐. 여보, 나 잠깐만 운전 좀 해 볼래요. 여기서 저기 전봇대 있는 곳까지만 가 볼게요."

엄마께서는 산굽이에 있는 전봇대를 가리키며 아빠를 쳐다보셨습니다.

"그렇게 하고 싶다면 좋아. 그 대신 기어를 절대로 2단 이상 올리면 안 돼. 그리고 속도도 40킬로미터 이상 높이면 안 돼. 지킬 수 있어?"

엄마의 간곡한 부탁에 아빠도 어쩔 수 없다는 듯, 두 가지 조건을 내걸고 엄마가 운전하시는 것을 허락하셨습니다.

"엄마가 운전하신다는데, 타도 괜찮아요?"

상우가 아빠를 쳐다보며 장난스럽게 물었습니다.

"그렇게 불안하면 넌 저기까지 뛰어 오렴."

엄마가 전봇대를 가리키며 말씀하셨습니다.

"그건 싫은데요!"

상우는 얼른 차에 올랐습니다. 아빠와 상희도 차에 올랐습니다.

"모두들 안전 벨트를 튼튼하게 매!"

아빠의 명령에 따라 상희와 상우는 물론, 엄마와 아빠까지도 안전 벨트를 단단히 했습니다. 그리고 여러 번 확인했습니다.

엄마는 능숙하게 시동을 거셨습니다. 아빠가 출근하기 전에 엄마가 미리 시동을 걸어 놓은 적이 여러 번 있었기 때문입니다.

"이제 천천히 앞으로 가 봐. 차가 반듯이 가도록 핸들을 조정하고. 뒤따라오는 차가 없으니까 운동장에서 운전하는 거라고 생각하면 돼. 그리고 혹시 모르니까, 양쪽 깜빡이를 켜."

아빠는 선생님처럼 자세하게 여러 가지 주의를 주셨습니다.

"깜빡이는 왜요?"

"뒤에 오는 차에게 알려 주는 거야. 이 차는 지금 비상 사태에 직면해 있습니다, 하는 사실을 말이야. 그러니까 각별히 주의를 기울여 주십시오, 하는 거지."

"좋아요."

엄마는 양쪽 깜빡이를 켜고 천천히 차를 출발시키셨습니다.

출발이 순조롭자 아빠는 다음 사항을 지시하셨습니다.

"별로 어려운 거 아니네. 이 정도 길에서는 나도 운전하고 다닐 수 있겠어요."

엄마는 점점 더 속도를 높이셨습니다.

"그건 안 돼, 너무 위험해! 당신은 도로 연수도 안 받았잖아! 이제 금방 산굽이가 나온단 말야!"

아빠가 고함을 치셨지만 엄마는 더욱 힘주어 액셀러레이터를 밟으셨습니다.

"도로 연수가 별 건가요? 다들 이렇게 해서 받는 거지."

엄마께서 자신 있게 대답한 바로 그 때였습니다.

"엄마! 경운기가 와요!"

상우가 소리쳤습니다.

산굽이를 막 돌아 나온 경운기 한 대가 상희네 차 앞으로 다가서고 있었던 것입니다.

"어머, 이걸 어떡해요? 여보!"

아무 것도 없던 도로를 달릴 때와 눈앞에 경운기 한 대가 나타난 상황은 아주 달랐습니다.

"침착해 핸들을 꽉 잡고, 차선만 잘 지켜서 반듯이 나가면 돼. 당황하지 마."

아빠가 핸들을 잡고 엄마를 안심시키려고 애쓰셨지만, 길은 산굽이를 따라 크게 굽어 있었습니다. 그 찰나 경운기는 안전하게 상희네 차를 지나쳤습니다.

드디어 엄마가 목적했던 산굽이 앞의 전봇대가 보였습니다.

"길이 굽었어! 브레이크를 밟아!"

"어, 어떡해요!"

엄마는 너무 당황한 나머지 브레이크를 밟는다는 것이 그만 순간적으로 액셀러레이터를 밟고 말았습니다.

"어머! 이게 아니잖아!"

"상희, 상우! 손잡이 꽉 잡아!"

엄마와 아빠의 입에서 동시에 고함 소리가 터져 나왔습니

다.

덜컹, 퍽!

"으악!"

상희네 자동차는 콧김을 내뿜으며 돌진하는 물소처럼 도로 옆에 있는 얕은 웅덩이 속으로 앞바퀴를 처박으며 거꾸러질 듯이 멈춰 서고 말았습니다. 뒤에 실어 두었던 갖가지 짐들이 뜀뛰기를 하듯이 위로 튀어 올랐다가 다시 제자리로 돌아갔습니다.

"이게 뭐야!"

상우가 앞 차창을 가리키며 소리쳤습니다. 갑자기 튀어 오른 검은 물질로 차 앞 유리가 온통 뒤범벅이 되어 있었기 때문입니다.

"너희들 다 괜찮니?"

아빠가 놀란 표정으로 뒤를 돌아다보시며 소리치셨습니다.

"우린 괜찮아요, 아빠 안전 벨트 때문에 배가 좀 땅겼을 뿐이에요."

상희와 상우가 모두 괜찮다는 것을 확인하신 아빠는 그제서야 깊은 한숨을 내쉬셨습니다. 그리고는 옆자리의 엄마를 살피셨습니다.

"당신 괜찮은 거야?"

엄마는 무릎을 문지르며 고개를 끄덕이셨습니다.

"괜찮아요. 핸들에 무릎을 좀 부딪쳤을 뿐이에요."

아빠는 기운이 쑤욱 빠지는 듯 다시 한 번 숨을 내쉬셨습니다.

"큰일 날 뻔했군. 이만하길 정말 다행이다."

"미안해요, 여보. 괜히 내 고집 때문에."

엄마는 정말 미안한 표정으로 아빠에게 말을 건넸습니다.

"됐어. 당신도 놀랐을 텐데, 뭐 괜찮아. 올해 액때움 한번 했다고 치지 뭐."

아빠는 안전 벨트를 풀고 문 밖으로 나가셨습니다. 그러자 순식간에 향기롭지 못한 냄새가 차안으로 밀려들어왔습니다.

상희와 상우는 손으로 코와 입을 막았습니다.

"익! 이게 무슨 냄새야?"

"똥 냄새!"

"아니야! 뭐가 썩는 냄새야!"

"그럼 하수구 냄새!"

밖으로 나가서 차를 살피시던 아빠는 어이가 없다는 듯 아예 큰 소리로 웃음을 터뜨리셨습니다.

"허허, 꼴 좋구먼!"

그러자 상희와 상우, 엄마도 차에서 내렸습니다.

밖으로 나온 상희네 식구들은 멋들어지게 광 내고 때 뺀 자태를 자랑하던 새 승용차가 당한 불행을 보고 입을 딱 벌릴 수밖에 없었습니다.

가엾게도 상희네 차는 앞바퀴를 도랑에 빠뜨리고, 산굽이 부분에 쌓아 놓았던 거름더미에 얼굴을 처박은 모습을 하고 있었습니다. 어제 저녁 깨끗이 세차한 차의 몸 곳곳에는 거름더미가 튀어 흉한 몰골을 하고 있었습니다.

그리고 차의 지붕 위에 올려놓았던 상희와 상우의 스키는 마치 커다란 젓가락처럼 거름 속으로 깊숙이 처박혀 있었습니다.

"괜히 세차를 했네 그려. 이렇게 흉한 모습이 될 줄이야 누가 알았겠나?"

아빠가 탄식하는 목소리로 말씀하셨습니다.

"어쩌면 이런 일이 있을 수 있어요? 이번 여행은 뭔가 불안해요. 우리 그냥 서울로 올라가야 할까 봐요."

엄마는 정말 불안한 표정을 짓고 계셨습니다.

"어쨌든, 차나 빼고 보자고."

아빠는 다시 운전석 안으로 들어가셨습니다. 그리고는 아주 힘들게 도랑에 박힌 차를 빼내셨습니다.

"어휴, 냄새! 엄마, 저렇게 더러워진 차를 몰고 스키장까지 갈 거예요?"

상우는 코맹맹이 소리를 내며 거름을 뒤집어쓴 차를 가리켰습니다.

엄마도 코를 막은 채 가만히 계셨습니다.

"어디 가서 세차하고 가요!"

상우는 다시 한 번 졸랐습니다.

그제서야 엄마는 입을 여셨습니다.

"이 시골에 세차장이 어디 있니? 그리고 저런 꼴로 세차장엘 가 봐야 쫓겨나기 딱 알맞지."

"그럼 어떻게 해요? 저런 차를 어떻게 타고 다녀요! 창피하게."

상우는 짜증을 냈습니다.

"난 차라리 걸어갈래요."

그 사이 차를 도로 위로 올려놓으신 아빠는 차에서 다시 내리셨습니다.

"이제 어떻게 한다?"

아빠는 지붕 위의 스키를 제대로 고정시키시면서 중얼거리듯이 물으셨습니다.

"이 꼴로는 아무 데도 못 가겠어요. 어디 물가에 가서 차를 씻는 수밖에 없겠네요."

엄마는 거름 냄새가 풍기는 공기를 들이마시기가 꺼림칙하신 듯, 손으로 입과 코를 꽉 막고 계셨습니다.

"어쨌든 창피하니까, 빨리 이 곳을 떠나요!"

어휴,
냄새!!

간간히 지나가는 차에 탄 사람들이 상희네 식구들과 차를 손가락질하며 웃음을 터뜨렸습니다.

"어쨌든 모두들 차에 타 가면서 생각해 보자."

아빠는 와이퍼를 작동시켜 앞 차창에 있는 거름 덩이만을 겨우 밑으로 밀어 내린 뒤, 시동을 거셨습니다.

"이건 우리 식구 모두가 합동으로 저지른 일이니까, 불평하는 사람이 없도록 해!"

출발하기 전에 아빠는 식구들을 향하여 뼈 있는 한 마디를 남기셨습니다.

상희네는 차를 돌려 오던 길로 되돌아나가기 시작했습니다.

"아는 길로 가는 게 훨씬 빨라. 아까 오다가 보니까 작은 개울이 있던데 거기 가서 일단 차를 좀 씻자구!"

식구들이 다시 침울해 있는 것을 보고 아빠는 오히려 명랑한 목소리로 말씀하셨습니다.

한참을 가다 보니 아빠가 말씀하신 개울이 나왔습니다. 아빠는 차를 개울에 걸려 있는 다리 아래로 몰고 내려가셨습니다.

"차 뒤에 보면 작은 양동이하고 고무 장갑이 있을 거야! 당신이 좀 찾아보구려!"

아빠는 차 위에 있는 스키를 떼어 내신 후, 신문지를 구겨

차의 이곳저곳에 묻어 있는 거름 덩어리들을 대충 닦아 내시며 엄마에게 말씀하셨습니다.

엄마는 차 위에 실은 짐들을 모두 끌어내린 뒤에 양동이와 고무 장갑, 그리고 짐 속에 들어 있는 세제를 꺼내셨습니다.

"물로만 대충 씻어 내지, 세제는 왜 꺼내?"

아빠는 스펀지에 세제를 듬뿍 묻히고 있는 엄마를 보고 물으셨습니다.

"어떻게 물로만 씻어요? 냄새가 얼마나 고약한데!"

엄마가 짜증스럽다는 듯이 대답하셨습니다. 그리고는 꺼내 놓은 짐을 다시 싣고 차 문을 잠근 뒤에 양동이로 물을 떠서 차에 퍼붓기 시작하셨습니다.

그 동안 상우와 상희는 각자 자기의 스키를 물로 깨끗이 씻었습니다.

거름 덩어리들이 물에 씻겨 나가자, 상희네 차는 그나마 제 모습을 되찾기 시작했습니다. 엄마는 세제를 묻힌 스펀지로 차의 이곳저곳을 빡빡 힘주어 닦으셨습니다.

"이리 줘, 내가 할게."

"내가 저지른 일이니까 내가 할게요!"

엄마가 얼굴이 새빨개지도록 차를 닦는 것을 보신 아빠는 스펀지를 빼앗다시피 가져가셨습니다.

차에서 흘러내린 비누 거품이 맑은 개울물 위로 둥둥 떠내려갔습니다.

어느 정도 차가 깨끗하게 씻어지자 아빠는 차를 물가에서 조금 떨어진 곳으로 옮겨 놓으셨습니다. 그리고는 기름걸레로 차의 이곳저곳을 닦기 시작하셨습니다.

세차가 끝나자 아빠는 다시 스키를 지붕에 고정시키셨습니다.

상우와 상희는 빨갛게 언 손을 호주머니 속에 놓고 제자리 뛰기를 했습니다. 날씨가 한껏 추워졌기 때문입니다.

엄마는 양동이와 고무 장갑을 몇 번씩이나 헹구어 물기를 빼고는 차안에 집어넣고 계셨습니다.

그때였습니다.

"바로 이 양반들이 범인이로구먼!"

농사꾼인 듯 싶은 청년 세 사람이 개울가로 내려오면서 소리쳤습니다. 상희네 식구들은 깜짝 놀라 그 사람들을 쳐다보았습니다.

"서울에서 오신 분들이십니까?"

청년 가운데 한 사람이 정중하게 물었습니다.

엄마와 아빠는 불안한 표정으로 서로 마주 보셨습니다. 불량배들이 아닌가 하고 걱정하는 눈치셨습니다.

"걱정하지 마십시오. 우린 저 아랫마을에 사는 사람들입니다."

상희가 보기에도 청년들은 불량배 같아 보이지는 않았습니다. 아마도 농한기를 맞아 읍내로 외출했다가 돌아오는 사람들인 것 같았습니다.

"무슨 일인데 그러십니까?"

아빠는 상대방의 기분이 상하지 않도록 조심스럽게 물어 보셨습니다. 이런 청년들에게 말대꾸를 잘 못하다간 낭패를 당한다는 사실을 잘 알고 계시기 때문일 것입니다.

"스키장 가시는 길인가 보군요?"

다른 청년 한 사람이 차 지붕에 실린 스키를 힐끗 쳐다보며 물었습니다.

"그렇습니다만……."

아빠는 조금 불쾌하다는 표정을 지으셨습니다.

그러자 또 다른 청년 한 사람이 미소를 지으며 말했습니다.

"다른 뜻은 없습니다. 한 가지 여쭤 보겠습니다. 선생님께선 혹시 지금 여기서 세차를 하신 거 아닙니까?"

어느 누가 보아도 상희네 차가 방금 개울에서 세차를 끝냈다는 것은 쉽게 알 수 있는 일이었습니다. 아빠도 순순히 고개를 끄덕이셨습니다.

"그렇습니다. 오다가 작은 사고를 당해서요. 거름더미를 뒤집어썼기 때문에 도저히 그냥 갈 수가 없었습니다. 그런데 뭐가 잘못되었습니까?"

아빠는 아무런 거리낌없이 대꾸하셨습니다. 하지만 청년들은 표정을 굳히며 말했습니다.

"잘못되었지요. 선생님께선 개울에서 세차를 할 수 없다는 사실을 모르고 계셨습니까?"

그제서야 아빠는 그 사람들이 하는 이야기가 무엇인지 깨달은 듯하셨습니다.

"아, 물론 알고 있습니다. 하지만 지금과 같은 상황에서는 저희도 어쩔 수 없었습니다. 이 근처에 살고 계시는 분들 같은데, 이해를 좀 해 주십시오. 외지에서 왔기 때문에 지리도 잘 모르고, 이대로 고속 도로로 나갈 수도 없는 일이어서 그랬으니까요."

아빠는 아까 휴게소에서의 일 때문인지, 한껏 공손하게 말씀을 하셨습니다. 그러자 청년들의 표정도 조금 누그러졌습니다.

"선생님께서야 이 물을 한번 흐려 놓고 떠나가 버리시면 그만이지만, 우리는 이 물을 평생 먹고 사는 사람들입니다. 정 세차를 해야 될 상황이었으면 차를 물에서 멀리 떨어진 곳에 세워 놓고 양동이로 물을 떠다가 하셨어야지요. 저희들은 농사를 짓다가 목이 마르면 이 물가로 와서 입을 대고 바로 물을 먹습니다. 그리고 이 개울가에 사는 다슬기나 재첩을 잡아다가 저녁 국거리로 삼고 있지요. 그런데 세차를 하느라고 세제를 마구 풀어 버리고, 거름 덩어리를 그대로 물에 쏟아 버리면 어떻게 합니까? 선생님네가 거름과 세제를 푼 물을 우리가 먹

게 되지 않겠습니까? 가시면서 한번 똑똑히 보세요. 선생님께서 사용하신 세제 거품이 어디까지 흘러가는지 말입니다."

청년들은 아주 당당하게 따졌습니다.

아빠는 이마에 식은땀을 흘리며 사과를 하셨습니다.

"죄송합니다. 마을 주민들이 이 물을 식수로 사용하시는 줄은 몰랐습니다. 다시는 이런 일을 저지르지 않을테니 한번만 용서해 주십시오."

마을 청년들은 나이가 한참 위인 아빠가 자꾸만 고개 숙여 사과를 하자 더 이상 나무라지 못했습니다.

"선생님 가족들을 생각하듯이 우리 농민들도 생각해 주십시오."

청년들은 이 말을 남기고 자기들이 가던 길로 걸음을 재촉했습니다. 청년들의 모습이 한참 멀어질 때까지 상희네 가족들은 멍하니 그냥 서 있었습니다.

"정말 오늘은 이상한 날이네요. 그렇죠, 아빠?"

한참 뒤에야 상우가 몸을 부르르 떨며 아빠에게 물었습니다. 아빠는 한숨을 내쉬며 담배를 피워 무셨습니다.

"오늘이 이상한 날이 아니라, 우리가 미처 깨닫지 못하고 있었던 것 같구나. 너도 나도 모두들 환경 보호의 중요성에 대해서 인식하고 환경 보호에 앞장서기 위해서 노력하고 있었는데, 우리만 별 생각 없이 잘 먹고 잘 사는 일에만 신경을 썼던 거야. 그러니 막내동생 같은 청년들에게 매운 충고를 들어도 할 말이 없지."

다른 때 같았으면 펄펄 뛰셨을 엄마도 연거푸 당하는 일에

할 말을 잃으신 듯 아무 소리 없이 차에 오르셨습니다.

“너희들도 어서 타라. 이러다간 정말 오늘 안에 설악산에 도착하지 못하겠다.”

아빠께서는 상우와 상희를 부르시고는 피우던 담배를 휙 던지셨습니다. 그리고는 자신의 행동에 깜짝 놀라신 듯 다시 담배꽁초를 주우셨습니다.

“습관이라는 게 참으로 무섭지? 그렇게 망신을 당하고도 정신을 못 차리다니.”

아빠는 혼잣말처럼 중얼거리시면서 운전석에 오르셨습니다.

“아빠, 여기 쓰레기통! 꽁초 여기다 버리세요.”

상희가 비닐 봉지 하나를 아빠에게 내밀면서 말했습니다.

“그래. 우리도 지금부터는 환경 보호 운동에 신경을 좀 써야겠다. 이런 식으로 계속 다니다간 망신 여행이 되겠어. 참으로 신기한 일이군. 언제부터 우리나라 사람들이 이렇게 열렬한 환경 보호주의자가 되었지?”

아빠는 새로운 다짐을 하듯이 힘차게 액셀레이터를 밟으셨습니다.

개울을 따라가다 보니 정말 아까 그 청년들의 말 그대로였습니다. 세차를 할 때는 세제를 얼마 쓰지 않은 것 같았는데 상희네가 쏟아 부은 세제 거품들이 개울을 따라 길다랗게 둥

둥 떠서 흘러가고 있었던 것입니다.

상희네는 그 거품이 보이지 않을 때까지 모두들 고개를 숙이고 아무 말도 하지 않았습니다.

나는 환경 파수꾼이 될 거야

고속 도로로 들어서자 아빠는 차의 속도를 최대로 높이셨습니다. 하늘이 더욱 찌푸려 있었기 때문입니다. 눈이라도 오면 큰일이기 때문에 한시라도 빨리 목적지에 도착해야만 했습니다.

다행히 미시령을 넘어 속초 쪽으로 들어서자 하늘은 다시 맑아졌습니다. 상희네는 그제서야 모두들 한숨을 내쉬었습니다.

"이제 드디어 우리의 목적지에 도착하는 거예요?"

"아빠, 어디서 좀 쉬었다 가요."

상희와 상우가 한 마디씩 꺼냈습니다.

"그러자꾸나. 아빠도 힘들어서 좀 쉬어야겠다. 지금부터는 눈이 와도 걱정이 없으니까 말이야."

"정말 오늘 하루는 힘들었어요. 하루가 아니라 일 주일은 지난 것 같아."

모두들 한 마디씩 거들며 움츠러 들었던 얼굴들을 환히 폈습니다.

"아빠, 저기 쉼터라고 쓰여진 곳이 있어요. 간이 휴게소인가 봐요."

상우가 소리쳤습니다.

"그래. 저기서 좀 쉬었다 가자."

아빠는 차를 휴게소 쪽으로 돌리셨습니다.

상희네 눈앞에는 아름다운 설악산이 저만큼 앞으로 다가와 있었습니다.

"저 계곡 좀 봐. 까마득하지? 정말 설악산은 언제 봐도 아름다워."

엄마도 감탄을 하시며 기지개를 펴셨습니다.

차가 휴게소에 멈추자 상희와 상우는 얼른 뛰어내렸습니다.

"아, 추워!"

상우는 금세 어깨를 움츠리며 비명을 질렀습니다. 매서운 겨울 바람이 상희와 상우를 감싸고 몰아쳤기 때문입니다.

"춥긴 해도 정신이 번쩍 드는 걸!"

상희는 맵싸해지는 코를 잡고 맹맹한 소리로 외쳤습니다.

"추우니까 갑자기 화장실엘 가고 싶다!"

상우는 종종걸음을 치며 화장실이 있는 쪽으로 달려갔습니다. 상희도 엄마와 함께 여자 화장실로 갔습니다.

화장실에는 난로가 피워져 있어 따뜻했습니다. 상희는 얼른 화장실 안으로 들어갔습니다.

"엄마, 이 뒤에 계곡으로 내려가는 길이 있어요."

엄마가 용변을 보고 나오시는 동안 화장실 창문을 통해서 밖을 내다보던 상희가 말했습니다. 엄마도 상희가 가리키는 쪽을 쳐다보셨습니다.

"여긴 계곡이 얼마 깊지 않네! 금방 내려가겠는 걸."

그러자 상희가 계곡 한 쪽을 가리키며 외쳤습니다.

"엄마! 저기 아이들이 있어요. 여자아이들도 있고, 남자아이들도 있는 걸? 대체 뭘 하는 걸까요?"

정말 상희가 가리키는 곳에는 대여섯 명의 아이들이 찬 물에 발을 담그고 무엇인가를 하고 있었습니다. 돌멩이를 들추고 바위 밑으로 손을 넣고 있는 걸 보니, 그 아이들은 무엇인가를 찾고 있는 듯했습니다.

"이 추운 날씨에 맨발로 물 속에 들어가 있다니! 대체 뭘 하는 걸까?"

상희는 아예 화장실 창문에 매달려 넋을 잃고 있었습니다.

"상희, 너. 얼른 볼일부터 보도록 해. 오줌 참으면 병 되니까."

상희는 엄마의 재촉을 받고서야 소변을 보러 들어갔습니다.

"정말 저 아이들이 뭐하는 거지? 어, 어른도 한 명 있는데!"

상희가 볼일을 보고 있는 동안 엄마도 뚫어져라 계곡에 있는 사람들을 살피셨습니다.

"엄마, 우리 저기 내려가 봐요."

어느 새 나왔는지 상희가 엄마의 팔에 매달리며 졸랐습니다.

"이 추운 날씨에 어딜 가자는 거니? 빨리 콘도 가서 수속하고 짐을 풀어야지."

엄마는 아빠와 상우가 기다리고 있는 쪽으로 종종걸음을 치셨습니다.

"우리 따끈한 국물이나 좀 먹도록 하지. 쓰레기는 잘 치우고 말야."

아빠가 농담처럼 말씀하셨습니다.

"아빠! 저 계곡에 아이들이 있어요. 뭘 잡나 봐요. 우리 한번 가 봐요."

상희는 이번에는 아빠의 팔을 잡고 조르기 시작했습니다.

"무슨 소리야?"

아빠는 눈이 휘둥그래져서 엄마를 쳐다보았습니다.

"글쎄, 요 아래 계곡에 아이들 대여섯 명하고 어른 한 명이 있는데, 아마도 뭘 잡고 있나 봐요. 거길 가 보자고 그러는 거예요."

엄마가 대답하셨습니다.

"어디로 내려가는데? 가는 길이 있어야지."

상우도 호기심이 생기는 듯한 눈초리로 계곡 쪽을 바라보았습니다.

"여자 화장실 뒤에 계곡으로 내려가는 길이 있어요. 아빠, 우리 한번 가 봐요, 네?"

아빠!
저 계곡에 아이들이
있어요.
뭘 잡나 봐요.

상희는 아빠의 팔을 마구 흔들며 다시 한번 졸랐습니다. 아빠는 슬쩍 계곡 쪽을 쳐다보고는 이렇게 말씀하셨습니다.

"일단은 따끈한 걸 좀 먹자. 몸이 굳어 있으니까 말야. 그러고 나서 생각해 보자구."

그제서야 상희도 고개를 끄덕였습니다.

"좋아요."

네 식구는 매점 안으로 들어갔습니다. 그리고는 따끈한 오뎅과 만두를 시켰습니다.

매점 안에서는 계곡이 한결 잘 보였습니다. 그리고 계곡에 있는 아이들의 모습도 더욱 뚜렷이 볼 수 있었습니다.

"저 아이들이 저기서 뭘 하는 건지 아십니까?"

매점 아주머니가 김이 모락모락 나는 음식을 가져오시자, 아빠는 계곡을 가리키며 이렇게 물어 보셨습니다.

아주머니는 아빠가 가리키는 곳을 슬쩍 바라보시고는 이렇게 말씀하셨습니다.

"여기 학교의 그린 스카우트 대원들이랍니다. 강원도에 있는 샛강이 얼마나 오염되어 있는지 조사를 한대요. 우리 아들 녀석도 저기 끼여 있는데, 이 추운 날씨에 매일같이 개울로 다니며 저 노릇을 하고 있으니, 감기가 끊일 날이 없답니다."

그러자 상희네 식구들의 눈이 모두 휘둥그래졌습니다.

"그린 스카우트라구요? 그게 뭔데요?"

그러자 매점 아주머니는 오히려 이상하다는 표정으로 상희네 식구들을 쳐다보셨습니다.

"아니, 서울에서 오신 분들이 그린 스카우트를 모르세요? 요새 전국적으로 얼마나 유행인데요. 그린 스카우트는 환경 파수꾼이라고 한답니다. 스스로 환경을 보호할 뿐만 아니라,

누가 환경을 오염시키는지 감시하는 역할도 하지요. 맑은 물 살리기 운동 본부에서 주관을 하는 운동인데, 이제는 전국적으로 퍼져서 너도나도 환경 운동에 동참하고 있다는 군요. 이것도 우리 아들 이야기지만요."

매점 아주머니는 계곡에 있는 아들이 자랑스럽다는 듯 흐뭇한 미소를 지으셨습니다.

"그럼 저기 있는 아이들이 환경 파수꾼이란 말인가요?"

엄마는 이해할 수 없다는 표정으로 물으셨습니다.

"그럼요. 이제 3, 4학년밖에 안 되는 아이들이지만, 환경오염을 조사하고 그 원인을 밝혀내는 데는 어른보다 더 까다롭답니다."

"3, 4학년이라면 우리 상우, 상희와 같은 학년이네!"

엄마는 벌어진 입을 다물지 못했습니다.

정신없이 오뎅과 만두를 집어먹던 상희와 상우도 고개를 푹 숙였습니다. 똑같은 학년인데도 계곡에 있는 아이들은 남을 위하여 보람 있는 일을 하고 있는데, 자신들은 매일 부모님께 투정만 부리고 있었던 것이 창피했기 때문입니다.

"어이구, 우리 상우하고 상희! 면목이 없나 보구나."

아빠는 자라목처럼 기어들어가 있는 상우와 상희의 어깨를 툭 치시며 큰 소리로 말씀하셨습니다.

"아빠, 우리도 서울 가면 꼭 그린 스카우트에 가입할래요. 우리 학교에도 그린 스카우트에 가입한 아이들이 있어요. 이제부터는 나도 누구 못지않은 환경 파수꾼이 되겠어요."

상희가 굳은 결심을 한 듯이 고개를 번쩍 들고 말했습니다.

"너희 학교에도 그린 스카우트가 결성되어 있다구? 그런데 왜 이제까지 그런 말을 하지 않았니? 그런 게 있으면 진작 가입하라고 엄마가 그랬을 텐데 말이야. 너희들은 보이스카우트

와 걸 스카우트에도 가입했잖아."

엄마가 눈을 동그랗게 뜨며 물으셨습니다.

그러자 상우가 어림도 없다는 듯이 고개를 저으며 말했습니다.

"엄마한테 말씀 드려 봐야 본전도 못 찾았을 걸요, 뭐."

상우는 뭔가 마음에 들지 않는다는 듯 인상을 잔뜩 찌푸리고 있었습니다.

"상우 넌 왜 그러냐?"

이번에는 아빠가 눈을 크게 뜨셨습니다.

"그린 스카우트 아이들이 뭘 하는지 알기나 하세요? 매일 쓰레기나 줍고, 청소하고, 구정물이 흐르는 하천에 가서 뭘 수집하고 그러는 거란 말이에요. 난 그런 일 하기 싫어요. 더러워 환경 보호 운동이라는 건 하기 싫단 말이에요."

상우의 말에 엄마도 무슨 더러운 물건을 본 것처럼 얼굴을 찌푸리셨습니다.

"그린 스카우트라는 게 그런 거니? 그러면 나도 싫다. 아무리 좋은 일을 한다지만 내 아들 딸을 쓰레기 줍는 청소원으로 내놓고 싶은 엄마가 어디 있겠니? 나는 그린 스카우트라고 하길래 식물 채집이나 하고, 꽃밭이나 돌보는 그런 일인 줄 알았지. 상희 너, 꿈도 꾸지 마. 엄마는 내 딸한테 그런 일 못 시킨다!"

엄마는 상희에게 강력히 명령하셨습니다.

"엄마는! 누군가가 해야 할 일이라면 그건 내 일과 마찬가지예요. 내가 하기 싫은 일을 누가 하겠어요? 그리고 모두들 즐겁게 하는 일이라면 나도 즐겁게 할 수 있어요. 오빠가 그린 스카우트에 가입하기 싫어하는 것은 자유예요. 하지만 내가 그린 스카우트에 가입하고 싶어하는 것도 자유라구요!"

상희는 울먹이며 엄마에게 말대꾸를 하였습니다. 엄마가 너무 이기주의적인 것 같았기 때문입니다.

'우리 엄마도 남을 생각할 줄 아는 사람이면 얼마나 좋을까? 우리에게 잘해 주시는 것은 좋지만, 그래도 너무 깍쟁이라서 창피할 때도 있어.'

상희는 마음 속으로만 이렇게 중얼거렸습니다.

"어쨌든 안 돼! 여보, 어서 갑시다."

엄마는 지갑을 챙겨 들며 냉정하게 말씀하셨습니다.

"엄마! 계곡에 내려가기로 했잖아요."

상희와 상우가 동시에 소리쳤습니다.

그러나 아빠도 고개를 저으셨습니다.

"어쨌든 오늘은 안 되겠다. 우린 시간을 너무 많이 낭비했어. 빨리 콘도로 가서 예약 확인을 해야 돼. 인연이 있으면 저 친구들은 다시 만나게 될 거야."

"아이, 아빠아!"

상우와 상희는 아빠와 엄마를 쳐다보며 애원의 눈초리를 보냈습니다. 하지만 엄마는 벌써 주차장으로 걸음을 옮기시면서 말씀하셨습니다.

"어서 가자. 시간이 너무 늦으면 예약이 취소될지도 몰라. 예약이 취소되면 어떻게 되는 줄 알아? 우린 오늘밤부터 집 없는 고아 가족이 되는 거야. 그러니까 추운 밤에 거지가 되어

어쨌든 안 돼!
여보, 어서
갑시다.
아이, 아빠아!
계곡…….

덜덜 떨고 싶지 않으면 빨리 일어나. 그렇지 않으면 너희들 여기 놔 두고 엄마 아빠만 간다."

아빠는 계곡을 쳐다보고 있는 상희에게 나지막이 말씀하셨습니다.

"상희야. 그린 스카우트 일은 천천히 생각해 보도록 하자. 어쨌든 우리는 즐거운 휴가를 보내러 왔으니까. 일단은 휴가를 지내고 보는 거야. 그리고 나서 생각해도 늦지 않잖아? 오늘은 빨리 콘도로 가서 수속을 마치고 쉬는 게 나을 것 같다. 잘 생각해 보고 나서, 그래도 네가 그린 스카우트에 가입하고 싶다면 그 때는 아빠가 허락해 줄게."

아빠는 심각한 표정이 되어 있는 상희의 어깨를 쓰다듬으며 자상하게 말씀하셨습니다.

"넌 참 이상하다. 왜 그렇게 더러운 일을 하려고 애쓰니?"

상우는 그린 스카우트에 가입하겠다는 상희를 이해할 수 없다는 듯이 중얼거리고는 엄마를 향하여 뛰어가 버렸습니다.

운전석에 오르신 아빠는 혼잣말처럼 이렇게 말씀하셨습니다.

"우리가 지금까지 얼마나 환경을 오염시키면서 살았는지, 새삼스럽게 반성이 되는군. 담배꽁초 하나, 무심코 틀어 놓는 차 시동이 얼마나 심각한 오염을 초래하는지 말이야. 이제 생

각하니까, 외국에서는 횡단 보도 앞에서 신호를 기다리면서도 차 시동을 꺼 놓는다는 말을 들은 적이 있어. 대기 오염을 유발하는 배기 가스의 양을 줄이기 위해서라는 거지. 그 이야기를 들을 땐 코웃음을 치고 말았는데, 이제는 그 일의 중요성을 깨닫겠어. 우리가 살고 있는 환경은 자연의 선물이 아니라 후손에게서 빌려온 것이라는 말의 의미도 비로소 알겠구."

아빠의 말씀에 엄마는 "흥!" 하고 코방귀를 뀌셨지만 상희는 아빠의 말씀에 깊은 의미가 담겨 있다는 것을 알고 있었습니다.

엄마는 잠시 생각에 잠겼다가 큰 선심이라도 쓰듯이 이렇게 말씀하셨습니다.

"좋아요! 환경 보호가 그렇게 중요하다면 앞으로 나도 쓰레기 분리 수거해서 잘 버리고, 세제 줄여 쓰기 같은 운동에 참가하겠어요. 그렇지만 남이 저질러 놓은 일을 뒤치다꺼리할 필요는 없잖아요? 환경 오염은 환경 오염을 일으키는 사람이 책임을 져야 할 일인데, 왜 나나 내 가족이 그런 일을 해야 하는 거죠? 물론 나도 지금은 아까 우리가 버리고 온 쓰레기가 자꾸만 눈앞에 아른거리긴 해요. 당신 말을 들을 걸, 괜히 고집을 피웠다고 후회하고 있단 말이에요."

엄마의 목소리는 점점 작아졌습니다.

아빠는 그런 엄마의 옆얼굴을 쳐다보시며 빙그레 미소를 지으셨습니다.

"하는 수 없지, 뭐. 당신까지 그렇게 죄책감을 느끼고 있다면 방법을 찾아 봐야지. 지금 되돌아가서 가져올 수는 없으니까, 돌아가는 길에 들러 보기로 하자구. 그 때까지 그 곳에 쓰레기 봉지가 그대로 있으면 다시 싣고 가자구."

아빠의 말씀을 들은 상희도 그제서야 조금 밝은 표정이 되었습니다. 사실 그 동안 말은 안 하고 있었지만, 쓰레기를 다른 곳에 가서 버리려 한다는 엄마의 마음을 안 다음부터 상희의 마음은 내내 불편했던 것입니다.

"어쩌다가 이번 여행이 완전한 환경 학습 여행이 되었지? 정말 대단한 여행이야. 난 이번 여행의 목적을 다 이루었어. 골프 안 쳐도 되고, 온천 안 가도 돼. 그냥 쓰레기만 줍다가 가도 억울할 게 없겠어."

아빠는 장난처럼 말씀하시며 콘도 주차장으로 차를 모셨습니다. 주차장에는 아주 많은 차들이 있었습니다.

"우리만 놀러 온 게 아니로구먼. 하지만 우리처럼 우여곡절을 겪으며 재미있게 여행을 한 사람들은 그다지 많지 않을 거야. 그렇지, 여보?"

아빠께서는 엄마를 향해 장난스럽게 윙크를 해 보이셨습니다.

"당신은 오늘 겪은 망신이 재미있단 말이에요?"

엄마는 아빠를 향해 눈을 흘기셨습니다.

그런 엄마 아빠의 모습이 너무나 우스꽝스러워서 상희네 가족들은 모두 웃음을 터뜨렸습니다.

"자, 모두들 내려서 맑은 공기를 마셔라. 그리고 아빠가 프론트에 가서 예약 확인하고, 방을 배정 받을 테니까 다른 사람

들은 천천히 짐을 옮기도록 해."

"알았습니다!"

상희와 상우는 아빠를 향하여 거수 경례를 해 보였습니다. 아빠는 다시 한 번 윙크를 해 보이시고는 프론트를 향해 뛰어가셨습니다. 상희와 상우, 엄마는 가벼운 짐부터 차례로 옮기기 시작하였습니다.

프론트는 아주 붐비고 있었습니다. 아빠의 모습은 어느 새 사람들 사이에 파묻혀 보이지 않았습니다.

"상희하고 상우는 이제 여기서 짐 지키면서 기다리고 있어. 나머지 짐들은 무거우니까 엄마하고 아빠가 옮길게."

가벼운 짐들을 거의 옮기고 나서 엄마는 다시 차로 돌아가셨습니다. 상희와 상우는 로비 끝에 있는 의자에 앉아 아빠를 기다렸습니다.

잠시 후 사람들을 헤치고 나오시는 아빠의 모습이 보였습니다.

"아빠다!"

상우가 소리를 지르며 자리에서 일어났습니다.

"엄마는?"

아빠는 상희와 상우가 있는 곳으로 뛰어오시며 주위를 두리번거리셨습니다.

"엄마는 짐 가지러 가셨어요. 아빠, 우리 방은 몇 층이에요? 전망은 좋은 데예요?"

상우는 아빠의 손에 들려 있는 열쇠를 보면서 급하게 물었습니다.

"글쎄다! 11층인데, 가 봐야 알겠지? 너희들 이 열쇠 가지고 여기 있어라. 아빠는 가서 짐 가지고 올게."

아빠는 열쇠를 상우에게 주시고 난 뒤 주차장으로 뛰어가셨습니다.

얼마 후 상희네 식구들은 모두들 한아름씩 짐을 안고 끙끙거리며 방안으로 들어섰습니다.

"도대체 무슨 짐이 이렇게 많은 거야? 여기서 살림 차릴 생각이라도 한 거야?"

아빠는 얼굴까지 짐에 파묻힌 채로 방안에 들어서면서 짜증을 내셨습니다.

"하루를 살든, 백 년을 살든 사람이 사는 데 필요한 건 똑같아요. 네 식구가 일 주일 동안 생활할 살림살인데 그만큼도 안 가져와요?"

엄마는 당연하다는 듯이 말씀하셨습니다.

하지만 아빠는 식품이 들어 있는 박스를 풀어 보이면서 이렇게 말씀하셨습니다.

"양념 같은 건 여기 있는 슈퍼에서 사도 되잖아. 이렇게 시시콜콜하게 싸들고 오니까 짐이 많을 수밖에."

"여기서 파는 양념을 어떻게 믿어요? 돌가루를 빻아 넣은 후춧가루인지, 식용유를 탄 참기름인지, 벽돌가루를 넣은 고춧가룬지 도대체 믿을 수가 없단 말이에요."

"아니, 저렇게 사람을 못 믿으면서 어떻게 하루하루를 살까?"

아빠는 혀를 끌끌 차셨습니다. 하지만 엄마는 더 기세가 등등하게 말씀하셨습니다.

"당신은 뉴스도 안 봐요? 매일 뉴스에 나오는 게 뭔데요? 어느 약수터에서는 사람이 먹어서는 안 될 성분이 검출되었다는 뉴스, 어느 식품 회사에서는 유통기한을 넘긴 제품을 버젓이 내다 팔고, 백화점에서는 사람이 먹을 음식을 빨래하는 세제로 빨아서 팔고, 표백제를 음식물에 넣지 않나, 농약을 콩나물에 뿌리지 않나……."

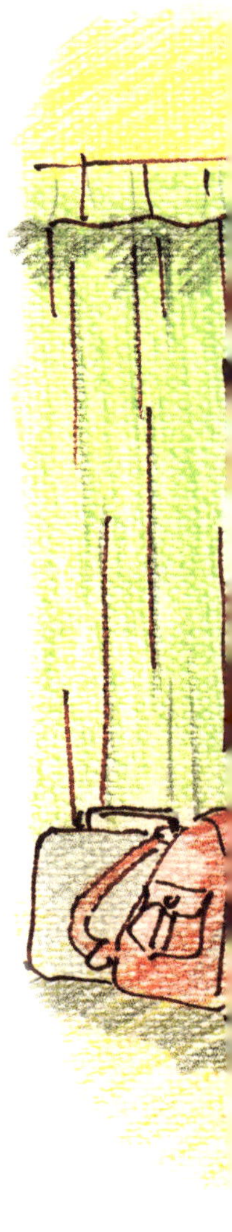

"알았어, 알았다구. 내가 졌어!"

아빠는 두 손을 번쩍 들고 항복을 하셨습니다.

"나 때문에 그나마라도 목숨 부지하고 사는 줄 아세요, 갖가지 공해에서 내가 가족들을 지키느라고 얼마나 노심 초사하는 줄 아세요?"

엄마는 휴대용 진공 청소기를 꺼내 구석구석을 청소하기 시작하셨습니다.

"엄마, 나 목 말라요."

상우의 말에 엄마는 아빠를 쳐다보시며 이렇게 말씀하셨습니다.

“여보! 거기 있는 천연 암반수 한 병 따서 상우 주세요. 컵은 공기 청정기 담은 박스 안에 함께 들어 있어요.”

“뭐라구?”

천연 암반수 한 병을 들어 올리던 아빠는 완전히 기가 질린 표정으로 소리를 지르셨습니다.

"공기 청정기까지 가지고 왔단 말이야? 아니, 설악산의 이 좋은 천연 공기만큼 좋은 게 또 어디 있다고 공기 청정기를 가지고 와? 공기 청정기가 뭐 좋은 건 줄 알아? 그건 인공적인 거야. 천연의 자연 바람만큼 좋은 게 어디 있다구 그런 걸 다 싸가지고 왔어? 여기 있는 공기를 담아서 서울로 가져 가지는 못할망정, 여기까지 와서 인공적인 공기를 맡아야 한단 말야? 이거 작은 방에 설치하고 당신 혼자 맡아."

아빠의 말씀에 엄마는 고개를 갸웃거리셨습니다.

"그런가? 당신 말을 듣고 보니까 그런 것 같기도 하네. 하지만 공기 청정기에서는 음이온이 나오잖아요? 음이온이 얼마나 건강에 좋은 건데. 그리고 여기라고 뭐 먼지 없을라구? 먼지도 빨아들이고, 음이온도 나오고 일석이조지요, 뭐."

엄마는 별 것도 아닌 일을 가지고 아빠가 괜히 소리를 지른다는 듯 억울한 표정을 지으셨습니다.

"어이구, 나도 이제는 모르겠다. 당신, 어쩌다가 이렇게 노이로제에 빠지게 된 거지? 저렇게 불안해하면서 어떻게 하루하루를 살아 왔나 몰라. 우리 깊은 산 속으로 들어가서 도 닦으며 사는 게 어때? 솔바람 맞고, 풀뿌리 파먹으면서 말야."

아빠는 침대에 벌렁 드러누우면서 엄마에게 말씀하셨습니다.

"아무리 깊은 산 속이라고 해도 요새 세상에 오염 안 된 곳이 있는 줄 알아요? 땅 속으로도, 물 속으로도, 산 위로도, 심지어 오존층까지도 오염투성이라구요."

엄마는 어림도 없다는 듯이 대답하셨습니다.

아빠는 시계를 보시더니 가슴속에서 핸드폰을 꺼내셨습니다. 그리고는 어딘가로 전화를 거셨습니다.

"여보세요?…… 응, 미스터 김이구나. 나다…… 그래, 이제 막 도착했다. 오늘 장사 잘 했냐?…… 뭐? 전화? 누가?…… 그래, 알았다. 수고했다. 퇴근해라."

전화를 끊으신 아빠께서는 정신이 번쩍 든다는 표정으로 벌떡 일어나셨습니다.

"미스터 김이래요? 누가 전화를 했대요? 가게는 잘 봤대요?"

엄마는 갑자기 궁금하다는 듯 아빠 곁으로 다가와 앉으셨습니다. 아빠는 잠깐 생각에 잠기시더니 고개를 갸웃거리시며 일어나셨습니다.

"뭔가 불안한 생각이 드는데?"

"왜 그래요? 무슨 일인데요?"

상우와 상희도 침대가에 모여 앉았습니다.

"우리 가게로 이상한 전화가 왔대. 아무래도 예감이 좋질 않아. 정선에서 전화 올 일이 없는데 말야. 게다가 그린 스카우트 대원이라는데, 도대체 누굴까?"

아빠는 계속 고개를 갸웃거리며 중얼거리셨습니다.

그러자 엄마도 이해할 수 없다는 듯 고개를 갸웃거리셨습니다.

"누가 정선에서 전화를 했을까요? 정선이라면 강원도잖아요?"

아빠의 말씀을 곰곰이 생각하고 있던 상희가 손뼉을 딱 쳤습니다.

"아빠, 우리 쓰레기!"

그러자 아빠도 정신이 번쩍 든다는 듯 이마를 치셨습니다.

"맞아! 이제야 의문점이 풀렸어. 정말 우리나라 대단한 나라로구먼. 정신 바짝 차려야지, 그렇지 않으면 큰 망신당하기 십상이야."

"무슨 일인데 그래요?"

그 때까지도 엄마는 무슨 말인지 이해가 되지 않는 표정이셨습니다.

"우리가 쓰레기를 버리고 온 곳이 정선군이란 말이야. 그 쓰레기가 뭔가 문제를 일으킨 거야. 어쩌면……. 아니야, 설마 그런 일까지 벌어지지는 않겠지."

아빠는 애써 마음을 진정시키려고 하시며 고개를 설레설레 저으셨습니다.

그 때였습니다.

똑똑!

누군가 현관문을 두드렸습니다.

"누굴까?"

상희네 식구들은 서로 얼굴을 쳐다보았습니다.

똑똑!

다시 문이 울렸습니다.

"당신이 좀 나가 봐요."

엄마는 아빠의 등을 떠밀었습니다

"누구십니까?"

아빠는 헛기침을 하면서 현관에서 물으셨습니다.

"서울 레포츠 상사의 김 사장님을 찾아왔습니다."

문 밖에서 어떤 아저씨의 목소리가 들렸습니다.

아빠는 조금 망설이더니 이윽고 결심한 듯 문을 여셨습니다.

"누구신데……. 아니, 이건?"

아빠의 놀란 목소리가 크게 들려 왔습니다. 상희와 상우, 엄마는 동시에 현관으로 뛰어갔습니다.

"여보, 왜 그래요? 어머나!"

현관에서 벌어진 광경을 본 엄마도 비명을 질렀습니다. 상우와 상희는 엄마와 아빠의 틈을 비집고 들어가 무슨 일인지 살펴보았습니다.

"으악!"

"쓰레기 봉지!"

상우와 상희의 입도 크게 벌어진 채 다물어질 줄 몰랐습니다.

"이 봉지를 모른다고 하시지는 않겠군요."

상희네를 찾아온 사람은 '정선군 그린 스카우트 연맹'이라고 쓴 초록색 조끼를 입은 아저씨 두 분이었습니다. 그리고 그 사람들이 가지고 온 것은 바로 상희네가 버리고 온 쓰레기 봉지 두 개였습니다.

"어이구, 이거 죄송합니다. 정말 죄송합니다."

아빠는 정말 큰 죄를 지은 죄인처럼 자꾸만 고개를 조아리고 죄송하다는 말만 되풀이하셨습니다.

"아실 만한 분이 이런 일을 해서야 되겠습니까? 선생님 같은 분들은 아무 곳에나 쓰레기를 갖다 버리고, 우리 같은 사람은 이런 쓰레기를 처리해야 할 이유라도 있습니까? 돈을 벌어도 선생님이 더 잘 벌잖습니까? 쓰레기를 처리하는 데 드는 비용이 얼마나 된다고 이런 몰지각한 행동을 하시는 겁니까?"

그 아저씨들은 아주 호된 목소리로 아빠를 나무라셨습니다.

아빠는 선생님 앞에서 꾸중을 듣는 어린 학생처럼 아무 말도 못하고 고개를 푹 숙인 채 서 계셨습니다. 그때 얼굴이 새빨갛게 달아오른 엄마가 기어 들어가는 듯한 목소리로 말씀하셨습니다.

"정말 죄송합니다. 제가 생각이 짧아서 그만. 그렇지 않아도 올라가던 길에 다시 가지고 가려던 참이었어요. 정말 잘못했습니다. 한번만 용서해 주세요."

상우와 상희도 아저씨들에게 용서를 빌었습니다.

"아저씨, 한번만 용서해 주세요."

"다시는 안 그럴게요."

그제서야 아저씨들은 조금 부드러워진 표정으로 상희네 식구들을 쳐다보았습니다. 정말로 반성하는 기색이 보였기 때문입니다.

"그렇게까지 말씀해 주시니 저희들도 이 쓰레기를 여기까지 들고 온 보람이 있군요. 다음부터는 절대로 이런 일 하지 마십시오. 환경을 파괴하는 사람 따로 있고, 환경을 보호하는 사람

따로 있는 거 아닙니다. 나와 내 자식들이 살아가는 환경은 스스로 지키고 보호해야 하는 거 아니겠습니까?"

"잘 알았습니다. 주의하겠습니다."

아빠가 계속 사과를 하며 몸둘 바를 몰라 하는 것을 보고 그 아저씨들도 마음이 누그러진 모양이었습니다.

"그럼, 저희들은 이만 가보겠습니다."

"죄송합니다, 정말 죄송합니다."

상희네 식구들은 복도 저 쪽으로 멀어져 가는 두 사람의 뒤에 대고 계속 머리를 숙여 사죄를 하였습니다.

"으아, 정말 질렸다! 언제부터 우리나라 사람들이 이렇게 지독한 환경주의자가 되었지? 정말 끔찍할 정도야."

엄마가 몸을 부르르 떨며 말씀하셨습니다.

"조용히 해! 당신은 입이 열 개라도 할 말이 없는 사람이야. 뭐라고? 남이 저지른 환경 공해를 왜 내가 해결하느냐고? 우리가 그런 말 할 자격이 있는 사람이야? 이제까지 우리가 한 일을 생각해 봐. 우리야말로 환경 파괴를 일삼는 주범인 셈이라구!"

아빠는 정말로 화가 나신 듯 소리를 버럭 지르셨습니다. 엄마는 찔끔해서 아무 말도 하지 못하셨습니다.

"그런데 참 이상하다? 어떻게 저 아저씨들이 우리를 찾아오게 되었을까? 저 쓰레기를 버린 사람이 우리인 줄 어떻게 알았지? 그리고 우리가 여기 온 줄은 어떻게 알게 된 거야?"

상우가 도저히 풀 수 없는 추리 문제를 받은 것처럼 눈동자를 동글동글 굴리며 중얼거렸습니다. 그제서야 아빠는 쓰레기 봉지가 우리한테 다시 오게 된 사연을 말씀해 주셨습니다.

"우리가 쓰레기를 버린 그 동네가 바로 정선군이야. 그런 시골에도 이미 그린 스카우트에 가입한 사람들이 있었나 봐. 그 사람들은 하루에 두 번씩 동네 주변을 돌아다니며 환경 오염을 유발하는 사람은 없는지, 쓰레기가 널려 있지는 않은지 점검을 한다는 거야. 그러니 우리 쓰레기 봉지가 발견될 것은 당연한 일이지. 그 사람들은 쓰레기 봉지를 열어 보고는 우리 가게의 광고지를 보게 된 거야. 그래서 거기 있는 전화 번호로 전화를 했고, 우리가 이 콘도로 올 거라는 사실을 알게 된 거지. 그래서 문제의 이 쓰레기 봉지를 가지고 콘도로 오게 된 거지. 프론트에 물어 보면 우리가 몇 호실에 들어 있는지 금방 알 수 있잖니? 미스터 김이 아까 그러는데, 정선군 그린 스카우트 대원이라는 사람한테서 전화가 왔었다는 거야. 자기들이 하는 일을 알려 주면서 말야. 그래서 우리가 저지른 일을 알리 없는 미스터 김은 그 사람들이 무슨 중요한 일로 우리를 찾는 줄 알았던 거야. 그래서 우리 숙소와 일정을 자세히 가르쳐 준거지."

아빠의 설명을 들은 상희네 식구들은 마음이 무거웠습니다.

"정말로 대단한 사람들이야. 언제부터 우리나라 사람들이 이렇게 지독한 환경 파수꾼들이 되었지?"

엄마는 완전히 질렸다는 표정으로 말씀하셨습니다.

"그러니까 우리도 이제는 정신을 바짝 차려야 해. 어휴, 목 탄다. 아까 현관 문 앞에 놓인 이 봉지들을 보는 순간 난 숨이 멎어 버리는 줄 알았지 뭐냐. 등골로 식은땀이 좌악 흘러내리더라구. 상희야, 너 그린 스카우트에 가입해라. 아빠도 가입하마."

아빠께서는 주방으로 가셔서 유리컵에 수돗물을 받아 꿀꺽꿀꺽 드셨습니다.

"나도 한 잔 줘요."

귀신에 홀린 듯한 표정으로 서 계시던 엄마도 갑자기 아빠 뒤를 쫓아가시더니 씻지도 않은 유리컵에 수돗물을 받아 벌컥벌컥 마시는 것이었습니다.

"아니, 당신?"

아빠는 그런 엄마의 행동에 깜짝 놀라 미처 말을 잇지 못하셨습니다. 상우와 상희도 멍한 표정으로 엄마를 쳐다보았습니다.

"왜 그래요?"

하지만 정작 엄마는 멀뚱멀뚱한 표정으로 식구들을 둘러보셨습니다. 아빠는 엄마가 혹시라도 충격을 받으실까 봐 조심스럽게 말씀하셨습니다.

"당신, 지금 수돗물 마셨어!"

"컵도 안 씻은 채로 말이에요."

상희도 엄마 손에 들려 있는 유리컵을 가리키며 조그맣게 말했습니다.

평소 같으면 엄마는 콘도에 도착하자마자 그릇들을 물에 보글보글 삶고, 세제를 푼 물에 몇 번이나 씻은 다음에야 겨우 물이나 음식을 담을까 말까 했을 것입니다.

그런데 씻지도 않은 컵에, 세수하기도 꺼림칙하다는 수돗물을 받아 꿀꺽꿀꺽 마신 것입니다. 상자에 가득 들어 있는 천연 암반수가 바로 옆에 있는데도 말입니다.

"당신, 오늘 너무 충격을 많이 받아서 조금 이상해진거 아냐?"

아빠는 조심스럽게 엄마의 이마에 손을 대 보셨습니다. 하지만 엄마는 시원스럽게 말씀하셨습니다.

"난 멀쩡해요! 내가 마신 물이 수돗물이고, 씻지도 않은 컵을 사용했다는 것 잘 알고 있어요. 난 결심했어요! 수돗물을 마음 놓고 마실 수 있도록 환경 보호에 앞장서겠다고 말이에요. 지금까지는 환경을 오염시키는 일에 앞장 섰던 주제에 남을 탓하기 바빴어요, 하지만 이제부터는 달라요. 나와 내 가족이 마시는 물을 내가 지키겠어요. 내가 수돗물을 마신 건 그 결심을 내 자신에게 확고히 다지기 위해서예요."

엄마의 말씀에 다른 식구들이 오히려 심한 충격을 받은 듯 한참 동안 멍한 표정으로 서 있었습니다. 그리고 나서는 모두들 웃음을 터뜨렸습니다.

"좋았어! 우리도 지금부터는 누구에게도 뒤지지 않는 환경 파수꾼이 되자구! 자 모두들 팔을 이렇게 하면서 외치는 거야. 결심했어, 라고 말야."

아빠는 주먹을 불끈 쥐고 팔을 굽혀 보이며 "결심했어!"라고 외치셨습니다. 그 모습을 따라 하면서 상희와 상우, 엄마도 입을 모아 큰 소리로 외쳤습니다.

"그래! 결심했어. 우린 환경 파수꾼이 되는 거야!"

우리는 환경 가족

상우는 배가 아프다며 방안을 데굴데굴 굴러 다녔습니다. 그리고 쉴 새 없이 화장실을 드나들며 설사를 했습니다.

"왜 그러니, 상우야? 대체 왜 배가 아픈 걸까?"

엄마는 걱정스런 표정으로 상우의 배를 쓸어 주며 중얼거리셨습니다.

"무얼 잘못 먹었나? 저녁은 모두 잘 끓여 먹었는데? 수돗물을 먹은 나도 멀쩡한데, 넌 물도 천연 암반수밖에 먹지 않았잖아. 그런데 왜 그렇게 배가 아프다는거니?"

상우는 진땀을 흘리며 괴로워했습니다.

"안 되겠어. 어서 병원으로 데리고 가야지."

아빠는 서둘러 겉옷을 입으시면서 다급하게 말씀하셨습니다.

"내가 상우를 데리고 속초에 있는 병원에 갔다 올 테니까 당신은 상희랑 여기 있어."

아빠는 상우를 업으시며 엄마에게 말씀하셨습니다.

"당신 혼자 어떻게 가요? 나도 함께 가야지."

"나도 갈래요."

상희도 따라 나섰습니다.

이렇게 해서 상희네 식구들은 모두 차를 타고 속초에 있는 병원으로 갔습니다. 응급실로 실려 들어간 뒤에도 상우는 계속 설사를 하였습니다. 나중에는 기운이 빠져서 축 늘어져 버렸습니다

"무슨 일입니까? 대체 왜 그러는 거지요?"

아빠와 엄마는 바쁘게 오가는 의사 선생님과 간호원을 붙잡고 물어 보셨습니다.

"검사가 끝나야 하니까 조금 기다리십시오. 심한 설사로 탈수 증세를 일으켰어요. 링거를 꽂아 두었으니까 곧 괜찮아질 겁니다. 그런데 아이가 왜 갑자기 설사를 일으켰지요? 물을 갈아 마셨습니까?"

의사 선생님이 엄마에게 물으셨습니다.

"아니오, 우리 상우는 물을 갈아 먹지 않았어요. 서울에서 먹던 천연 암반수를 계속 먹었는데요. 오히려 물을 갈아먹은 우리는 멀쩡한데, 왜 상우만 그러지요?"

엄마가 이해할 수 없다는 표정으로 대답하자 의사 선생님은 눈을 동그랗게 뜨고 다시 물으셨습니다.

"천연 암반수라구요? 시중에서 파는 생수를 말씀하시는 겁니까?"

엄마는 자신 있게 대답하셨습니다.

"네. 그냥 생수가 아니고, 천연 암반수예요."

그제서야 의사 선생님은 뭔가 짐작이 간다는 듯 고개를 끄덕이셨습니다.

"무슨 일입니까? 물이 잘못된 건가요?"

아빠께서는 답답하다는 듯, 의사 선생님의 팔을 붙잡고 물으셨습니다.

"아마도 제 생각으로는 그 물에 세균이 많았던 것 같습니다. 유통 기한이 오래 되었거나, 보관을 잘못하였거나, 아니면 처음부터 세균이 많아서 음료수로는 부적합한 물이었거나 뭐 그런 이유가 있겠지요. 혹시 그 물을 가지고 오셨습니까?"

"아니요. 하지만 그럴 리가 없을 텐데……. 그 물을 먹은 지 5년이 넘었지만 이런 일은 한 번도 없었어요."

엄마는 믿을 수 없다는 듯한 표정이었습니다.

의사 선생님은 상우의 차트를 들여다보면서 다시 물으셨습니다.

"서울에서 오셨군요. 그 물을 혹시 차 안에 싣고 오시지 않으셨습니까? 난방 장치를 튼 채로 말이지요."

"예, 그렇습니다."

아빠가 얼른 대답하셨습니다.

"오시는 동안 난방 장치를 내내 트셨지요? 차 안이 후끈후끈할 정도로요."

"그랬지요. 아이들이 감기에 걸릴까 봐서……."

의사 선생님은 원인을 알았다는 듯이 고개를 끄덕이셨습니다.

"그래서 물이 상한 것 같군요. 한여름에는 물이 쉽게 상하지 않습니까? 그와 같은 이치지요. 생수 종류는 수돗물과 달라서 세균이 번식하기 쉽지요. 수돗물에는 어느 정도의 소독약이 들어 있지만 생수는 천연 상태에서 존재하는 물을 담아 놓은 것이기 때문입니다. 흐르는 물은 살아 있는 상태이지만 고인 물은 쉽게 썩는다는 사실을 잘 알고 계시지요? 병에 담아 놓은 물은 고인 물입니다. 그래서 시간이 지날수록 상하게 되지요. 게다가 온도까지 높은 곳에 두었으니, 물 속에 있던 세균들이 더 잘 번식하지 않겠습니까? 그래서 아이가 설사를 일으키게 된 것이지요."

"그렇군요."

의사 선생님의 설명에 아빠는 고개를 끄덕이시며 엄마를 힐끔 쳐다보셨습니다.

엄마는 고개를 푹 숙인 채 아무 말도 못 하셨습니다.

"그럼 우리 아이는 어떤 상탭니까?"

아빠는 창백한 얼굴로 참대에 누워 링거를 맞고 있는 상우를 쳐다보며 물으셨습니다.

"순간적인 탈수 현상이니까 곧 괜찮아질 겁니다. 링거를 다 맞고 나면 돌아가셔도 좋습니다. 하지만 설사가 멎을 때까지 수돗물에 보리를 넣고 끓인 보리차만 주도록 하세요. 소금을 약간 넣어도 좋습니다. 그리고 나서 설사가 멎으면 흰죽을 끓여 주세요."

"스키 같은 운동은 하면 안 되겠군요."

아빠는 안타까운 표정으로 상우를 쳐다보며 다시 물으셨습니다.

의사 선생님은 단호하게 대답하셨습니다.

"물론이지요. 탈진해 있는 상태이기 때문에 격렬한 운동은 하지 않는 것이 좋습니다. 순간적인 빈혈을 일으킬 수 있거든요. 기운을 좀 차리면 가벼운 산보 정도는 하는 것이 좋습니다."

"잘 알겠습니다. 감사합니다."

상희네 식구들은 기운이 빠진 표정으로 상우를 쳐다보았습니다.

"이번 여행은 완전히 망했네. 상우가 저 지경인데 우리라고 뭐 즐길 수 있겠어요?"

엄마께서 힘없이 중얼거리셨습니다.

두 시간 후, 병원에서 돌아온 상희네 식구들은 방 안에서 바깥의 풍경만을 보며 지내야 했습니다. 엄마는 상우를 돌보느라 정신이 없으셨습니다.

아빠는 텔레비전만 보고 계셨습니다.

상희는 창 밖으로 보이는 야간 스키장의 불빛들과 그 아래에서 마치 인형처럼 조그맣게 움직이며 즐겁게 스키를 타고 있는 사람들을 쳐다보았습니다.

"이제 좀 괜찮니?"

엄마는 상우의 이마에 손을 얹으시며 걱정스럽게 물으셨습니다.

"괜찮아요, 엄마. 죄송해요. 저 때문에 모두들 즐겁게 놀지도 못하고……."

상우가 힘없는 목소리로 말했습니다.

"걱정할 것 없다. 기운이 나면 내일 가볍게 산보나 가자꾸나. 어차피 이번 여행은 즐기려고 온 것이 아닌 것 같으니까 말야. 어때? 모두들, 내 의견에 찬성하겠지?"

아빠가 쾌활한 목소리로 말씀하셨습니다.

"물론이에요, 아빠! 적극적으로 찬성이에요."

상희가 두 팔을 번쩍 들어올려 만세를 부르며 외쳤습니다.

"나두요. 공기 청정기가 필요 없는 자연의 찬바람이나 마음껏 마시고 가겠어요."

엄마도 즐겁게 외치셨습니다.

"저두요."

상우도 희미하게 웃으며 말했습니다.

이튿날 점심때쯤이 되자, 상우의 상태도 많이 좋아졌습니다.

"너무 안에만 있는 것도 좋지 않아. 조금 걸어다녀야 밥맛도 돌고, 기운도 날 거야. 어떠냐? 설악산 쪽으로 가볍게 산보를

나가는 것이 말야."

아빠가 상우에게 물으셨습니다.

"좋아요. 이젠 다 나았어요."

상우가 자신 있게 말했습니다.

"괜찮을까요? 아침도 굶고, 점심때 겨우 죽 한 그릇을 먹었는데……."

엄마는 아직도 걱정스러운 표정이셨습니다.

"설악산 밑까지 차로 가고, 적당한 곳에서 조금만 걷다가 오자구. 당신은 보온병에 따뜻한 물이나 좀 준비해요."

아빠는 문제없다는 듯 시원스럽게 말씀하셨습니다.

"좋아요. 보리차를 끓이고, 커피와 코코아도 좀 가져갑시다."

그제서야 엄마도 준비를 서두르셨습니다.

"아빠! 어제 우리가 쉬었던 그 곳에 가요. 아이들이 있던 곳 말이에요. 여기서 얼마 멀지도 않고, 그 계곡은 내려가기도 쉽잖아요."

상희가 갑자기 좋은 생각이 떠올랐다는 듯 손뼉을 치며 외쳤습니다.

"그거 좋은 생각인데? 좋아, 그 곳으로 가자."

다른 식구들도 모두 찬성을 하였습니다.

잠시 후, 상희네 식구들은 설악산이 바라다 보이는 쉼터 근처의 작은 계곡 입구에 도착했습니다.

"어머! 저 아이들이 오늘도 있네. 어제보다 조금 위로 올라간 곳이에요!"

쉼터가 가까워지자 차창에 매달려 뚫어져라 밖을 내다보던 상희가 외쳤습니다.

"어디?"

상우와 엄마도 상희가 가리키는 곳을 쳐다보았습니다.

아빠도 잠시 차를 멈추셨습니다.

"정말이다. 어제보다 조금 올라간 곳이야! 저 쪽만큼 가서 차를 세우면 되겠어요. 계곡으로 내려가는 길이 있잖아요. 차를 세울 만한 곳도 있어요."

상우가 기운이 난다는 듯 외쳤습니다. 정말 상희의 말대로 어제 보았던 그 아이들과 어른 한 명이 어제의 장소보다 조금 더 올라간 곳에서 무엇인가를 잡고 있었습니다.

"가 보자. 여보! 보온병 준비해요. 얼마나 추울까? 가서 따뜻한 차라도 한 잔씩 나눠 먹으면서 새 친구를 사귀어 보자구!"

아빠는 차를 몰고 아이들이 있는 계곡 쪽으로 조금 올라가셨습니다. 그 곳에는 마침 차를 세우기에 적당한 장소가 있었습니다. 상희네 가족들은 차를 세우고 나서 조심스럽게 계곡으로 내려갔습니다.

"수고들 하십니다."

아빠는 큰 소리로 계곡에 계신 어른에게 말을 건네셨습니다. 그런데 가까이 가서 보니 그 사람은 젊은 청년이었습니다.

"너희들 춥지도 않니? 이 추운 날씨에 그렇게 팔을 걷어붙이고 찬물 속에 들어가 있으니 말야. 저런, 귀와 코가 새빨개졌네. 너희들 그러다 동상 걸린다."

엄마는 아이들의 귀와 코를 쳐다보시며 걱정스럽게 말씀하셨습니다. 아이들은 무릎까지 오는 고무 장화를 신고, 손에도 역시 고무 장갑을 끼고 있었습니다.

"여기 뜨거운 물을 좀 가져왔으니까 먹으면서 몸을 좀 녹이렴."

아빠께서 아이들을 부르셨습니다. 엄마는 종이컵에 코코아와 설탕을 넣고 계셨습니다. 상희는 엄마 곁에 앉아서 보온병의 물을 적당히 컵에 따랐습니다.

아이들은 잠깐 지도자인 듯한 청년의 얼굴을 살폈습니다. 청년은 아빠를 향해 공손히 인사를 하고는 아이들을 불러모았습니다.

"누구신지는 모르겠지만, 고맙습니다. 얘들아, 가져오신 거니까 뜨거울 때 마시도록 해라."

그러자 아이들은 제각기 들고 있던 플라스틱 통을 가지고 물 밖으로 나왔습니다.

"어서 장갑과 장화를 벗고 뜨거운 차를 좀 마셔."

청년은 바위 위에 놓여 있던 가방을 꺼내서 아이들에게 주었습니다. 아이들은 장화와 장갑을 벗어 가방에 담고 새빨갛게 언 손을 비볐습니다.

"참 좋은 일 하십니다. 전 서울에서 아이들을 데리고 강원도로 가족 여행을 온 사람입니다. 어제 저 위에 있는 매점엘 들렀다가 이야기를 듣게 되었어요. 마침 오늘 이 곳으로 산보를 나오게 되었는데, 인연이 닿았는지 다시 만나게 되었군요. 우리 아이들도 여기 있는 아이들과 같은 나이여서, 한번 이야기나 나눠 볼까 하고 내려왔습니다."

아빠는 젊은 청년에게 먼저 자기 소개를 하셨습니다.

"저는 여기 있는 학교 교사입니다. 아이들과 함께 환경 탐사를 하고 있지요."

그 청년은 바로 아이들의 선생님이셨습니다.

"어서들 와라. 따뜻한 차를 마시고 나면 몸이 좀 녹을 거야."

엄마는 아이들에게 코코아를 나누어 주셨습니다.

아이들은 수줍어하면서도 선뜻 종이컵을 받아 들었습니다.

"어떻게 이런 힘든 결정을 하셨습니까? 정말 쉬운 일이 아닐 텐데요. 저희들 입장으로선 부끄럽기 짝이 없습니다."

아빠는 정말 감탄했다는 표정이셨습니다.

하지만 그 선생님은 겸손한 표정으로 이렇게 말씀하셨습니다.

"별 말씀을요. 단지 머릿속으로 알고 있는 지식을 직접 행동으로 옮기는 것뿐입니다. 우리나라 사람들 가운데 환경 오염

에 대해서 불만을 가지고 있지 않은 사람은 거의 없을 겁니다. 수돗물을 먹을 수 없고, 껍질째 과일이나 채소를 먹을 수 없는 지금의 환경을 탓하지요. 하지만 그토록 심각하게 생각하면서도 문제의 해결은 자기가 아닌 남이 해야 할 일로 생각합니다. 우리는 거기에서 벗어나 우리의 문제는 우리가 직접 나서서 해결해야 한다는 생각을 했을 뿐입니다."

선생님의 말씀에 엄마의 얼굴이 빨개졌습니다. 출발하기 직전에 수돗물을 놓고 한참 비판했던 일이 떠올랐기 때문일 것입니다.

“우리나라는 옛날부터 산 좋고 물 맑기로 유명했지요. 오죽하면 금수강산이라는 표현이 곳곳에서 쓰였겠습니까? 하지만 지금은 아니지요. 깊은 산골에 있는 물이라도 선뜻 마실 수가 없어요. 특히 도시에 사는 사람들은 환경에 대한 의심은 깊으면서도 환경 보호에 대한 의식은 얕은 편이지요.”

선생님의 말씀에 아빠는 동감이라는 듯 고개를 끄덕이셨습니다.

“저희들이 바로 그런 셈이니까 할 말이 없군요.”

선생님은 마치 죄인처럼 고개를 푹 숙이고 땅을 쳐다보고 계신 아빠를 바라보시며 빙그레 미소를 지으셨습니다.

“저도 처음엔 그랬습니다. 하지만 사람이 변하는 건 순간인 것 같더군요. 문제는 의식이 깨어나는 거예요. 아무 생각이 없는 사람은 죄책감도 느끼지 못하지요. 하지만 일단 어떤 일에 대해서 깨닫기 시작하면 그 다음부터는 무섭게 달라지는 것이 바로 사람 아닙니까? 사람이 동물과 다른 것이 바로 그것이지요. 잘못을 깨닫고, 그 후로는 같은 잘못을 반복하지 않으려고 노력하는 것 말입니다.”

선생님의 말씀에 아빠와 엄마는 깊은 감동을 받으신 듯했습니다.

상우와 상희는 아이들이 가지고 있는 플라스틱 통을 관심 있게 들여다보았습니다. 그 안에는 작은 벌레들이 들어 있었습니다.

"그런데 이건 왜 잡는 거니? 이 벌레들이 환경과 무슨 관계가 있는 거야?"

상희가 옆에 앉아 있는 여자아이에게 물어 보았습니다. 여자아이는 수줍은 미소를 지으며 대답했습니다.

"이 벌레들은 샛강이 얼마나 오염되었는지를 알려 주는 지표 생물이야. 계곡 바닥이나 바위 같은 데서 어떤 종류의 생물이 잡히느냐에 따라서 그 물이 얼마나 오염되었는지를 알 수 있단다."

그러자 상희의 눈이 휘둥그래졌습니다.

"그걸 어떻게 알아?"

여자아이는 자기의 플라스틱 통을 집어 들었습니다.

"으응, 여길 좀 봐. 이건 여기서 한참 올라간 깊은 계곡에서 잡은 거란다. 저 아래 작은 벌레 있지? 그건 뿔알락 하루살이 애벌레라고 한단다. 그리고 그 옆에 있는 갈색 벌레는 꼬리 하루살이 애벌레라고 해. 약간 검은 색이 나는 것은 강도래 애벌레이고, 길다랗게 생긴 것은 각날도래 애벌레라고 한단다. 이런 벌레들은 모두 1급수에서만 산단다. 그러니까 이런 생물이 있는 곳은 아주 맑고 좋은 물이라고 할 수 있지."

여자아이는 환경 전문가처럼 의젓하게 설명을 하였습니다.

"그럼 다른 통에 있는 건 어디서 잡은 거야?"

이번에는 상우가 물었습니다.

그러자 남자 아이 하나가 자기의 통을 집어 들고 보여 주었습니다.

"이건 설악산 아래 있는 온천장 근처의 계곡에서 잡은 생물들이야. 여기엔 거머리밖에 없단다. 거머리는 3, 4급수에서 사는 생물이야. 가장 더러운 물에서도 살아남는 생명력을 지녔지. 하지만 4급수의 물은 쓸모가 없단다. 먹을 수도 없을 뿐더러 농업 용수나 공업용수로도 사용할 수가 없어. 온천장에서 나오는 폐수가 생물을 살 수 없게 만든 거야. 온천장에서 폐수정화 처리를 안 하고 마구 오염된 물을 쏟아 내기 때문이지. 실제로 1급수를 나타냈던 계곡과 온천장은 얼마 떨어져 있지 않아. 그런데도 두 곳의 물은 이렇게 차이가 난단다."

"그렇구나!"

상우와 상희는 심각한 표정으로 고개를 끄덕였습니다. 어제 시골 개울에서 세차를 하느라고 세제를 마구 풀어 강물에 떠

내려보낸 일이 생각나 다시 한 번 가슴이 덜컹 내려앉았습니다. 이 아이들이 그 사실을 알게 되면 얼마나 자신들을 탓할까 하는 생각이 들었던 것입니다.

"이건 콘도와 목장, 골프장들이 몰려 있는 곳 근처의 계곡에서 잡은 생물이야. 나방파리류하고 실지렁이밖엔 없단다. 이런 생물들이 사는 물은 4급수도 안 돼. 제일 오염된 물이라고 할 수 있지. 콘도에서 마구 쏟아져 나오는 생활 하수들과 목장에서 나오는 가축 배설물들, 그리고 골프장의 잔디를 가꾸기 위해서 마구 뿌려 대는 비료와 농약 때문에 물이 죽어 버린 거야."

그러자 가만히 듣고 있던 상희 엄마가 고개를 갸웃거리며 물으셨습니다.

"그런데 음식 찌꺼기가 들어 있는 생활 하수나 가축들의 배설물, 비료 같은 데는 어쨌든 영양분이 들어 있으니까 생물들이 사는 데 오히려 좋지 않을까? 물 속의 영양분이 많아질 테니까 말야."

엄마의 물음에는 선생님께서 대답하셨습니다.

"물 속에 영양분이 많다고 해서 무조건 생물에게 좋은 것은 아닙니다. 물 속에는 영양분보다 산소가 더 많아야 한다는 것이 중요합니다. 그러나 물 속으로 쏟아져 나오는 각종 영양 물

질들은 물 속의 산소를 가로막는 역할을 합니다. 그리고는 물 속에서 썩어 버리지요. 이러한 현상을 부영양화라고 합니다. 부영양화가 진행되면 그 물은 더 이상 생물이 살 수 없는 죽은 물이 되어 버리는 것이지요."

"그러니까 사람이 음식을 지나치게 많이 먹으면 비만이 되어 각종 성인병을 일으키는 것과 마찬가지군요?"

아빠는 선생님의 말씀을 이해하셨다는 듯 고개를 끄덕이셨습니다.

"바로 그렇습니다. 그래서 물 속에는 산소를 많이 만들어 낼 수 있는 수초나 물풀들을 많이 심는 것이 중요합니다. 바위나 자갈 같은 것들을 많이 깔아 소용돌이와 여울이 있게 만들어 주어야 하지요. 그래야만 물속에서 생물이 살 수 있는 것입니다."

그제서야 엄마도 고개를 끄덕이셨습니다.

"그렇군요. 그런데 왜 서울 같은 곳에서는 강을 정비한다면서 물풀이나 수초를 다 뽑아 내고 시멘트로 덮어 버리죠? 한강만 해도 흐름이 없이 고속 도로처럼 곧게 뻗도록 정비해 버렸잖아요. 그리고 강변은 시멘트로 덮어 고수 부지로 만들었고 말이에요."

엄마는 이제 환경에 대한 의문이 꼬리에 꼬리를 물고 떠오

르시나 봅니다. 아주 진지한 표정으로 새로운 질문을 하시는 걸 보니 말입니다.

선생님은 빙그레 미소를 지으시며 설명해 주셨습니다.

"그건 우리가 미처 환경에 대한 인식을 하지 못했을 때 공사를 진행했기 때문이 아닐까요? 사람이 살아가는 데는 여러 가지 목적이 있지요. 하지만 그 목적들은 서로 상반되는 경우가 있습니다. 예를 들면, 회사 사장님하고 회사 직원의 목적은 서로 다를 수 있지요. 회사 사장님 입장에서는 직원들에게 월급을 적게 주면서 많은 일을 시키고 싶어하고, 직원들의 입장에서는 월급은 많이 받으면서 일은 적게 하고 싶어할 테니까요. 한강 개발도 이와 마찬가지가 아니었을까 합니다. 그 당시에는 사람이 보고 이용하기에 편리한 점만 개발 목표로 삼았기 때문이라는 것이지요. 즉 자연의 이치가 아닌 사람의 편리를 목적으로 삼았던 것입니다. 그러다 보니 환경 보호 측면에서는 정반대의 결과를 낳은 셈이 되었지요."

"그렇군요."

엄마는 심각한 표정이 되셨습니다. 이제까지 있어 온 자신의 행동을 되돌아보자니 한강 개발을 주도했던 사람들과 다를 바가 없다고 생각되었기 때문입니다.

"우리는 이 곳에 있는 온천장과 골프장, 스키장에서 휴가를 즐기기 위해서 찾아왔는데, 이런 이야기들을 듣다 보니 어떻게 행동해야 할지 걱정이군요."

아빠는 정말 심각한 표정으로 걱정을 하셨습니다. 자칫 잘못 행동하다가는 한 걸음 한 걸음 옮길 때마다 환경 오염을 유발하게 될 것만 같았기 때문입니다.

상희네 식구들의 심각한 표정을 살핀 선생님께서는 너털웃음을 웃으셨습니다.

"그렇게 걱정하시지는 마십시오. 환경 오염의 주된 원인은 폐수 처리 시설을 제대로 하지 않고 위락 시설을 운영하는 업주들한테 있는 것이니까요. 하지만 사용자가 조금만 주의를 기울인다면 어느 정도 오염을 줄일 수는 있지요."

그 말에 상희네 식구들은 귀가 쫑긋해졌습니다.

"어떻게요?"

"수질 오염의 주범은 바로 음식 찌꺼기입니다. 음식찌꺼기가 물속으로 유입되면 생물들의 영양분이 되는 게 아니라 물을 썩게 하는 주범이 되는 것이지요. 그러니 음식 찌꺼기를 잘 처리하는 것만으로도 수질오염을 줄일 수 있는 셈입니다."

"음식찌꺼기가 그렇게 큰 영향을 미치나요?"

엄마는 아직도 실감이 나지 않으신다는 듯 되물으셨습니다. 지금까지 엄마는 하수구에 살고 있는 생물들도 먹고 살아야

하지만 사용자가 조금만 주의를 기울인다면 어느 정도 오염을 줄일 수는 있지요.
어떻게요?

한다며 어지간히 음식찌꺼기들은 그냥 흘려 보내셨거든요.

하지만 선생님께서는 정색을 하며 말씀하셨습니다.

“수질 오염도를 나타내는 데는 생물 화학적 산소 요구량이라는 것이 있습니다. 물질을 분해하는 데 필요한 산소의 양을 나타내는 것인데, 흔히 영어로 비오디 (BOD)라고 표시하지요. 그리고 화학적 산소 요구량은 영어로 시오디(COD)라고 하지요. 음식찌꺼기 중에서 비오디와 시오디의 양이 높을수록 수질 오염에 크게 영향을 미치게 되지요. 어떤 조사에 의하면 비오디가 가장 높은 음식 찌꺼기가 바로 된장이라고 합니다. 아무 생각없이 버리는 된장국 국물이 막대한 수질 오염을 유발하는 것이지요. 된장 다음으로는 간장과 식용유, 우유, 샐러드유, 김치, 맥주 순서로 수질 오염을 많이 일으킨다고 합니다. 그러니까 이러한 음식 찌꺼기를 그냥 버릴 것이 아니라 재활용을 할 수 있는 방법을 생각해야 한다는 것이지요.

“날짜가 지나서 먹을 수 없는 우유로는 가구를 닦으면 좋지요. 또 화초의 잎을 닦아주면 해충을 예방할 수 있답니다. 그리고 쌀뜨물로 기름기 있는 그릇을 닦으면 일석이조지요. 쌀뜨물을 직접 버리는 것보다 오염을 줄일 수 있을 뿐 아니라 세제 사용량을 그만큼 줄일 수도 있으니까요. 또 먹다 남은 술은 모아 두었다가 요리할 때 재활용하면 좋습니다. 그리고 과일

껍질이나 다른 음식물 찌꺼기도 흙 속에 묻어 두면 훌륭한 거름이 된답니다. 이렇게 우리 주변에서 할 수 있는 환경 운동은 얼마든지 있답니다."

"그렇군요."

엄마는 새로운 결심을 하신 듯 심각한 표정으로 대답하셨습니다.

"그럼 이걸 채집해서 어떻게 하니? 그냥 물 속에 사는 벌레만 가지고 오염도를 측정하는 거니? 아니면 무슨 다른 실험도 하는 거니?"

상희가 곁에 앉아 있는 아이에게 물었습니다.

"물의 오염을 측정하는 방법은 여러 가지야. 이렇게 물 속에 사는 벌레를 잡아서 확인하는 방법도 있고, 물 속에 사는 고기를 잡아서 확인하는 방법도 있어."

아이는 수줍은 듯이 미소를 지으며 대답했습니다.

"물고기로도 물의 오염을 구별할 수 있다고? 좀더 자세히 설명해 줘."

상희는 아주 흥미가 있다는 표정이었습니다.

아이는 또박또박한 말투로 대답했습니다.

"4급수의 물에서는 어떤 물고기도 살 수 없단다. 가장 더럽고 오염이 심한 물이기 때문이야. 3급수의 물에서는 붕어나

잉어, 매기나 뱀장어들이 살 수 있어. 물바닥에 진흙이 깔려 있고, 해감이 많은 곳이야. 물의 색깔은 황갈색을 나타내게 돼."

"서울에 있는 한강 정도면 3급수의 물이겠구나."

상희가 고개를 끄덕이며 이렇게 말하자 아이는 설명을 계속 했습니다.

"이에 비하면 2급수의 물은 맑은 편에 속하는데, 여름이면 미역을 감을 수 있는 곳이야. 피라미나 갈겨니, 돌고기, 참마자 같은 물고기들이 산단다. 1급수는 가장 깨끗한 물이야. 이런 물에서는 버들치나 버들개, 열목어, 금강모치, 연준모치 같은 물고기들이 산단다. 하지만 우리나라에서 이런 1급수의 물은 아주 드물어. 휴전선 부근의 비무장 지대나 가야 1급수에 사는 물고기들을 발견할 수 있단다."

아이의 설명에 모든 사람들의

표정이 굳어졌습니다.

"다른 방법은 없니?"

상희가 다시 물었습니다.

"다른 방법으로는 여러 곳의 물을 채집해서 시약을 떨어뜨린 후, 물의 변화를 살펴보는 거야. 시약을 섞은 물이 어떤 색

으로 변하는가에 따라 오염의 정도가 결정되는 거지. 이렇게 해서 비오디와 시오디를 알아내는 거야."

아이는 환경 전문가가 다 된 듯해 보였습니다.

상희가 감탄한 표정으로 다시 물었습니다.

"그렇구나. 너희들은 그런 실험도 다 해 봤겠지? 그린 스카우트에 가입하면 그런 실험을 할 수 있니?"

아이는 빙그레 미소를 지으며 고개를 끄덕였습니다.

"물론이야. 이렇게 직접 환경 탐사를 다니다 보면 우리가 얼마나 환경의 소중함을 잊고 사는지를 깨달을 수 있단다. 모르고 있던 사실을 새롭게 깨닫게 된다는 사실은 정말 놀라워 마치 앞을 못 보던 사람이 앞을 보게 된 것과 같단다."

아이의 말을 들은 상희는 슬그머니 엄마의 얼굴을 쳐다보았습니다. 엄마는 상희를 향하여 빙그레 미소를 지으셨습니다.

"알았어. 엄마도 이제는 네가 그린 스카우트에 가입하는 일에 대찬성이야. 너뿐만 아니라, 아빠도 엄마도 그린 스카우트에 가입해서 환경 보호 운동에 앞장설 거야."

엄마의 말씀에 상우가 볼멘 소리로 외쳤습니다.

"거기에 왜 나만 빼놓는 거예요? 나도 그린 스카우트에 가입할 거란 말이에요."

그러자 아빠와 엄마, 상희의 눈이 휘둥그래졌습니다.

"아니, 상우 너! 그린 스카우트는 쓰레기만 줍는다고 싫어했잖아. 더럽다고 말이야. 분명히 어제는 그래 놓고……."

"아빠!"

아빠의 말씀에 상우는 얼굴이 새빨개져서 소리를 질렀습니다.

"그건 잘 모르고 그런 거예요. 하지만 지금은 생각이 달라졌단 말이에요. 쓰레기 줍는 일이라 하더라도, 그것이 환경 보호를 위해서 얼마나 중요한 일인지 알게 되었거든요. 이제는 제 눈에도 쓰레기만 보여요. 자, 보시라구요."

상우는 아이들 앞에 놓여 있는 종이컵을 주워 모으며 싱긋 웃었습니다.

"이렇게 해서 그린 스카우트 가족이 또 생겼군요. 정말 반갑습니다."

선생님께서 아빠에게 손을 내밀며 악수를 청하셨습니다. 아빠도 선생님의 손을 굳게 마주 잡으셨습니다.

"새로운 환경 가족을 환영합니다."

다른 사람들도 모두 환한 미소를 지으며 힘찬 박수를 보냈습니다.

"이번 여행은 정말 보람 있는 여행이었어요. 그렇죠, 엄마?"

상희는 힘차게 박수를 치며 엄마에게 속삭였습니다.

"그래. 너희들을 위한 여행이 아니라, 바로 이 엄마를 위한 여행인 것 같구나."

엄마도 상희의 귀에 대고 나지막이 속삭이셨습니다.

우리는 그린스카우트 가족

2008. 3. 5　인쇄
2008. 3. 10 발행
엮은이　대한과학진흥회
펴낸이　신 주 황
펴낸곳　스완미디어
등록　제2-4534호
주소　중구 만리동2가 12-33 태영빌딩
대표전화　02) 393-0026
팩스　02) 312-8349

ISBN 978-89-92565-20-2

값 8,500원
※ 잘못 만들어진 책은 구입하신 곳에서 바꾸어 드립니다